こころ揺らす

自らのアイヌと出会い、生きていく

北海道新聞社［編］

北海道新聞社

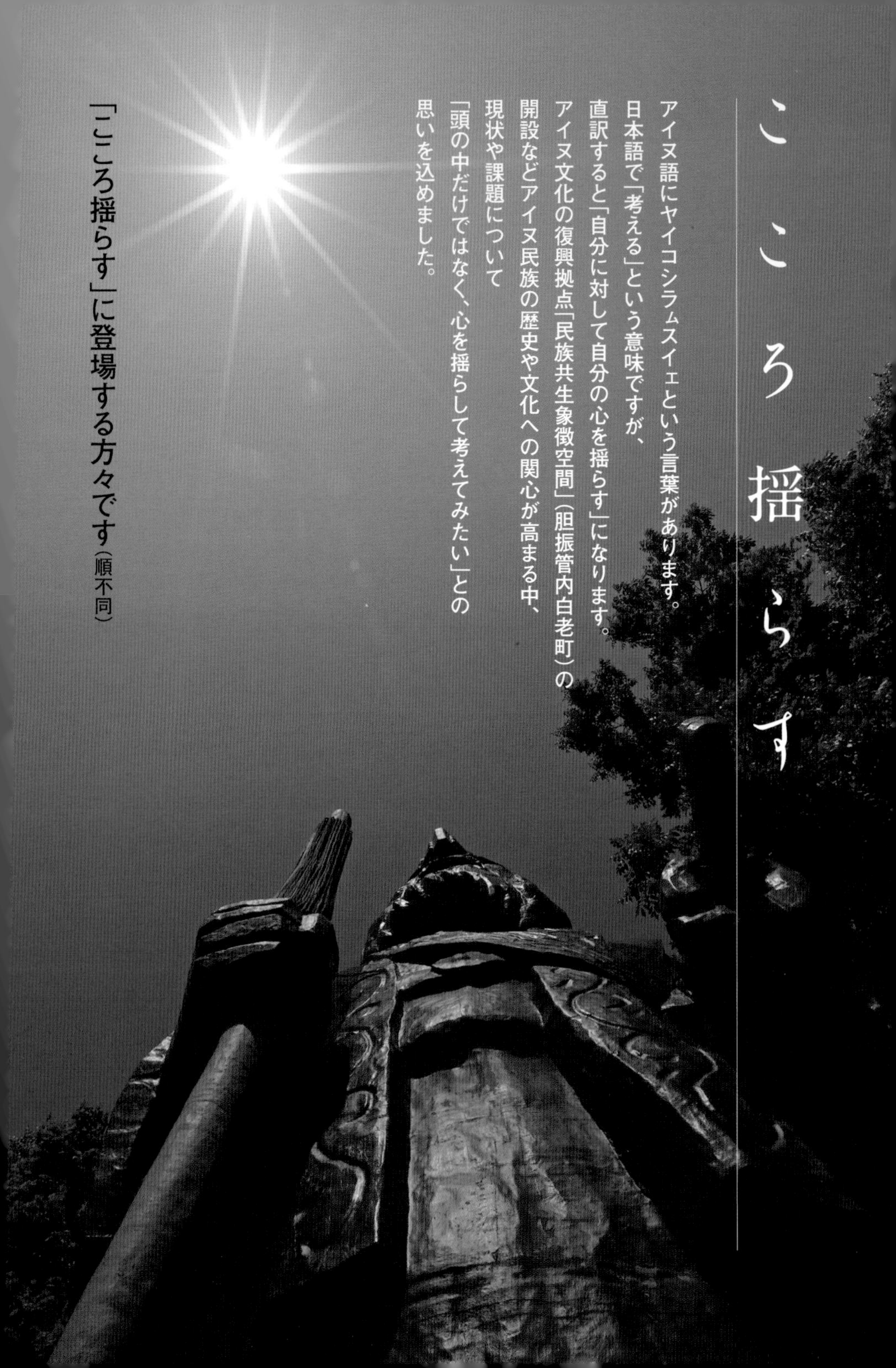

こころ揺らす

アイヌ語にヤイコシラムスイェという言葉があります。
日本語で「考える」という意味ですが、
直訳すると「自分に対して自分の心を揺らす」になります。
アイヌ文化の復興拠点「民族共生象徴空間」(胆振管内白老町)の
開設などアイヌ民族の歴史や文化への関心が高まる中、
現状や課題について
「頭の中だけではなく、心を揺らして考えてみたい」との
思いを込めました。

「こころ揺らす」に登場する方々です(順不同)

石原真衣さん…本文26ページ

豊川純子さん…本文34ページ

兼田万里さん…本文36ページ

中野圭佑さん…本文38ページ

加賀谷京子さん…本文41ページ

平沢隆二郎さん…本文43ページ

今ひろあきさん…本文56ページ

萱野公裕さん…本文62ページ

川上容子さん…本文59ページ

ペナンペパナンペ…本文68ページ

川上恵さん…本文104ページ

笹村律子さん…本文98ページ

原田公久枝さん…本文109ページ

荒田裕樹さん…本文106ページ

杉山由夏さん　阿部千里さん…本文124ページ

渡辺圭さん…本文126ページ

近藤聖さん…本文129ページ

水野練平さん…本文132ページ

壬生龍之介さん…本文149ページ

マーク・ウィンチェスターさん…本文134ページ

佐藤誠さん…本文162ページ

東元大介さん…本文166ページ

石川美香穂さん…本文168ページ

宇佐恵美さん…本文171ページ

宇梶剛士さん…本文200ページ

関根真紀さん…本文202ページ

岡和田晃さん…本文207ページ

石原真衣さん…本文209ページ

秋辺日出男さん…本文204ページ

先住民族マオリとの交流

アイヌ文化の担い手を育てる札幌大学「ウレシパクラブ」の学生たちがニュージーランドを訪れ、先住民族マオリと交流しました。その一部を写真で紹介します（本文181ページ参照）。

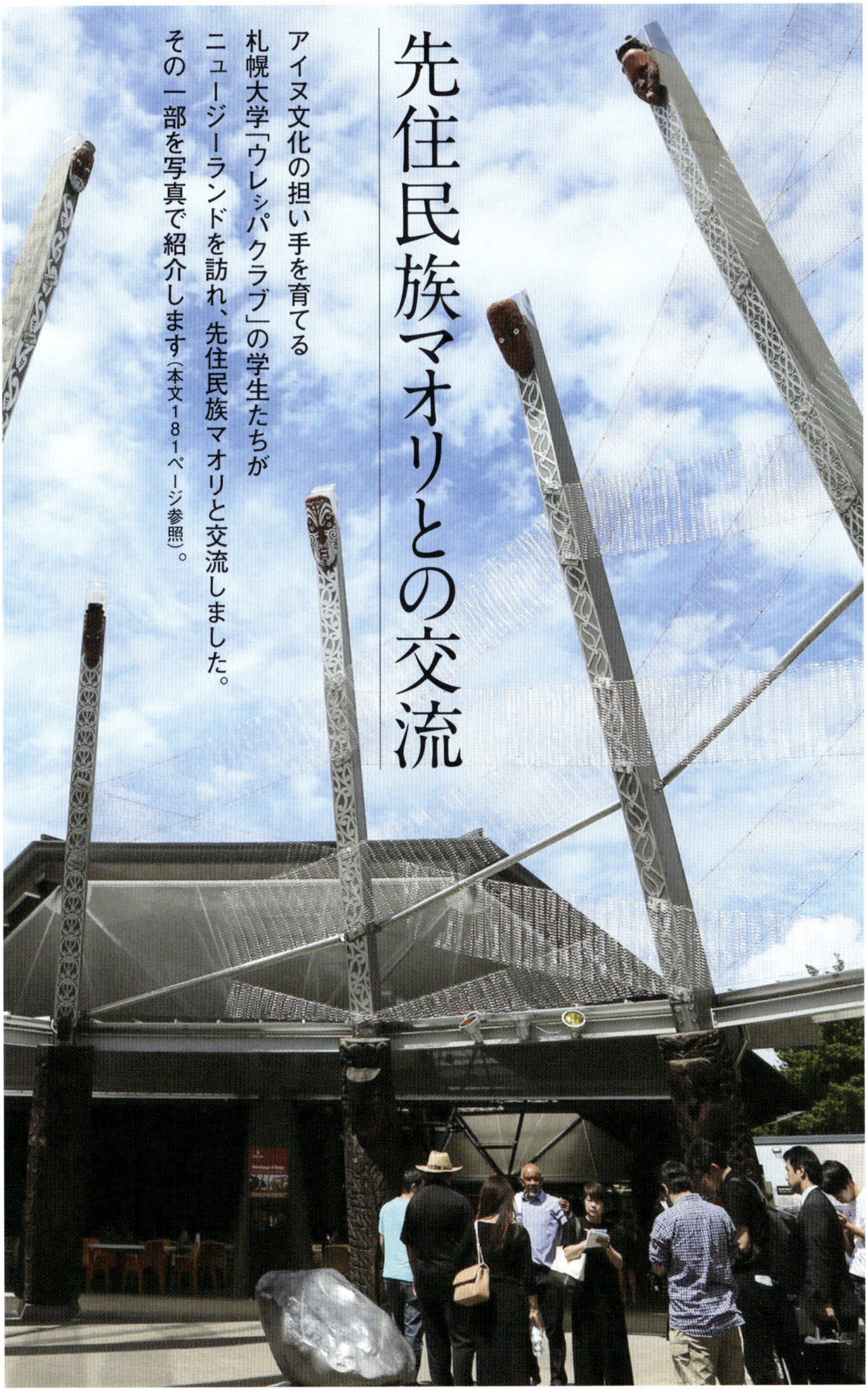

札幌大学「ウレㇱパクラブ」先住民族マオリとの交流

テ・ウルロワさん所有の水源地を見学する「ウレㇱパクラブ」のメンバーたち

マオリ伝統の集会所「マラエ」でミーティングをする「ウレㇱパクラブ」のメンバーたち

札幌大学「ウレㇱパクラブ」の学生、上河彩さん

ニュージーランドの先住民族マオリの女性活動家、パニア・ニュートンさん

アイヌ語で歌を披露

アイヌ伝統舞踊を踊る

マオリTVのスタジオで取材を受ける

ニュージーランド・ロトルア市のテ・プイア内で開催されていたハカのショー

マオリ文化を発信する観光施設
「テ・プイア」

ショーを見学する観光客ら

マオリ特有の力強い踊りで観客を圧倒したステージ

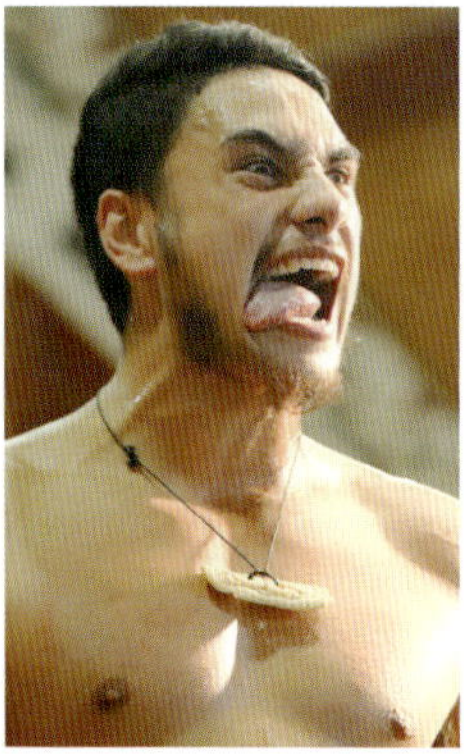

こころ揺らす

自らのアイヌと出会い、生きていく

はじめに

アイヌ民族はもういない――。いわゆる「アイヌ民族否定論」は、インターネット上の書き込みや関連書籍も出版されるほど、この世の中にはびこっています。

そこにも、ここにも、確かにいるのに、いないことにする人がいます。アイヌ民族の血を受け継ぐ人が最も多く暮らしている北海道なのに、アイヌ民族否定論への痛みを感じずに過ごしている人もいます。

こうした状況になった理由の一つに、アイヌ民族の血を受け継ぐことを明かさずに暮らしている人たちの思いを、近年はあまり伝えてこなかった、われわれマスコミの責任があると感じました。連載を始めるに当たって、その現状を伝える必要があると強く思いました。

取材班は、人づてに情報を得て道内各地を回ってアイヌ民族の血を受け継ぐ人に接触を試みましたが、拒まれることがほとんどでした。「アイヌの血が知られることで、自分や親戚が差別や偏見にさらされる恐れがある」「記者のつまらない満足のために、アイヌのことを書くべきではない」などと反感を買うこともありました。

連載に登場するのは、連載の趣旨を理解してくれて、悩んだ末に実名で出ることを決断してくれた方々です。それぞれの半生からは、差別や偏見を受けたことによる苦しみや悩み、アイヌの血を受け継ぐことによる痛みや葛藤などが伝わってきます。

そして、今もなお続く差別や偏見を許している社会、アイヌの血を受け継ぐ方々が自らの出自を言い出せない社会、アイヌとして生きていくことを自由に選択できない社会…アイヌ民族を巡る問題はもちろん、いま私たちに突きつけられている問題です。

ヤイコシラムスイェ

読者のみなさんとともに、こころを揺らして、考えたいと思います。

※本書は北海道新聞朝刊で2017年4月~2018年4月に連載した企画「こころ揺らす」の内容を、その後の経過を踏まえて一部加筆、修正したものです。データの一部は最新のものに変えています。登場する人物の年齢や職業、肩書等は新聞掲載時の表記に合わせています。第4部番外編とシンポジウムの詳報については、出版にあたって新たに書き下ろしました。

[目次]

第3部

第4部

第9部　アイヌと社会の未来を語る

第1部

自らの「アイヌ」と出会う

アイヌの血を受け継ぎ、
そのことを明かさずに暮らしている人がたくさんいます。
自らの「アイヌ」と向き合い始めた人の思いを聞いてみました。

私を探す100年の旅

自らの生い立ちを論文にまとめた北海道大学大学院生　石原真衣さん

痛みのルーツ どこに

2017年冬、書き上げられた1本の研究論文がある。題名は「〈アイヌ〉への旅―沈黙の100年をめぐるオートエスノグラフィー（自伝的民族誌）」。北海道大学大学院博士後期課程3年の石原真衣さん（35）が、自らの生い立ちと半生を研究テーマにした。

A4判65ページに約8万字。アイヌ民族の曽祖母、和人と結婚した祖母と母、そして自分がそれぞれの時代に、どういう生き方を選んだのかをまとめ、悩みや葛藤、社会との関係性を浮かび上がらせた。真衣さんは「現代に続く痛みのルーツを探す旅だった」と振り返る。

真衣さんは札幌で生まれ育った。アイヌの血を引くことを知ったのは12歳の時。日高管内平取町にある母イツ子さん（65）の実家を訪れた年末だった。親戚同士の会

北大の研究室でパソコンと向き合う石原真衣さん。和服が好きで週2、3回は着ている

話の中で、イツ子さんが「私は（結婚）相手の両親に、『民族』だとちゃんと伝えた」と語った言葉が耳に残った。

意味が分からなかった真衣さんは後日、イツ子さんに「民族って何」と尋ねた。イツ子さんは「聞いても後悔しないかい」と確認してから静かに語り出した。「平取のばあちゃんのこと大好きでしょう。ばあちゃんはアイヌなの」。そして「歴史を理解していない人にアイヌのことを話しても無駄だよ」と他人に伝えることを勧めなかった。

明るく積極的な性格だった真衣さんは、誰にも相談できない秘密を抱えたようで混乱した。「アイヌ民族」のことはよく知らなかったが、親戚や母の話しぶりから「何か重いもの」を連想させた。初めて経験した憂鬱《ゆううつ》だった。

母からは「和人とアイヌ両方の血を引くのだから、自らが選択すればいい」と言われた。真衣さんは他言すると「差別と同情、好奇心にさらされる気がして」、中学、高校、大学でも出自を明かさなかった。

大学を卒業し、専門学校で英語教師として働きだした頃、「自らの出自を隠すのはつらい。大好きな祖母を否定している気もする」との感情があふれ出てきた。そして25歳の時。当時最も親しかった友人に「私のおばあちゃんはアイヌだったの」と告白してみた。

「あなたがアイヌでも気にしない」——。友人が返した言葉は、その後の真衣さんの人生を変えた。

私を探す100年の旅

「あなたがアイヌでも気にしない」。真衣さんは25歳の時、この言葉に大きなショックを受けた。アイヌの出自を告白した真衣さんに、友人が理解を示そうと発した言葉だった。それでも、真衣さんは「2本の矢が潜んでいた」と思っている。

一つは、なぜアイヌの出自を明かすことが「——でも気にしない」と言われる対象なのか。もう一つは、真衣さんは和人とアイヌ両方の血を引き、自らはどちらも選択していないのに、アイヌであると一方的に決められたことだ。「私はアイヌなのか、和人なのか。それとも何なのか」。自問自答を繰り返すことになった。その答えを探すために真衣さんは28歳の時、北大大学院に入学した。

その後も戸惑いの連続だった。アイヌ民族を研究テーマに選ぶと、周囲からその理由を問われた。出自を明かすと、伝統的な暮らしをしているというアイヌへの固定観念を持っている人から無数の質問を浴びせられた。若手研究者に「伝統的なアイヌ文化は私の家庭に存在しない」と伝えた際は、「絶対にそれはあるはず。気づいていないか意識していないだけ」と言われた。断定的な物言いに絶望的な気分になった。

アイヌ料理を提供するイベントに大学の仲間と参加したときも、つらかった。アイヌ文様の法被を着て売ることになったが、真衣さんは腕を通すことに抵抗感があった。自身の存在に対する答えがないまま法被を着ることは、自身の和人という側面を放棄し、「アイヌ」と宣言することのように感じたからだ。

「アイヌであることを隠したいのか」「もっと気軽に着てみたら」。周囲からそう言われた。真衣さんは洋服にエプロン姿で料理を販売したが、これ以降、アイヌ関連行事に参加することに臆病になった。そして真衣さんは「アイヌと和人の間にある足場のない領域で、中ぶらりんのまま心もとない日々を過ごした」。

周囲が彼女に重ねるアイヌ像と、自己認識とのズレは混乱を生じさせた。一方、真衣さんの「普通の日本人」として育った環境を知る友人に、出自を明かすと、混乱はさらに深まった。

友人「今はアイヌの人も日本人と同じでしょ」

真衣さん「同じであれば、どうして私は20年も葛藤するのか」

友人「そんなこと言われても私には分からない。急に言われても困る」

真衣さん「私の葛藤は、アイヌの血を引く人だけの問題ではない。北海道のみんなの問題でもあるのに。その発言は無責任だ」

真衣さんはいら立ってしまった。その後、友人はアイヌに関する本を集め、「真衣ちゃんについて理解したい」と言ってくれた。

アイヌの血を受け継ぎ、「普通の日本人」の家庭で育ち、アイヌの伝統的な暮らしを知らない人は数多くいる。アイヌか和人かを確立せずに暮らす人もいる。だが、日本社会では、アイヌか和人か、という枠組みしか用意されていない。

曽祖母、祖母…出自に抵抗

なぜ私のような人間が生まれたのか、葛藤や痛みのルーツはどこにあるのか――。その答えを探すため、真衣さんは研究論文のテーマとして先祖をたどる「100年の旅」に向かった。

曽祖母の川奈野つるさんは1904年（明治37年）、現在の日高管内平取町荷負《におい》地区で生まれた。アイヌ伝統のかやぶきの家に住み、アイヌ語と日本語を話し、口の周りにはシヌイェ（入れ墨）を施していた。

シヌイェはアイヌの成人女性の証しで、北海道開拓使が1876年（明治9年）に禁止してから、徐々に消えた風習だ。親戚に聞くと、「コタンから平取町中心部にバスで行くときは白い三角巾で顔を深く覆い、シヌ

1970年代に母イツ子さんらが中心となって発行した新聞「アヌタリアイヌ——われら人間」

イェを隠すように歩いていた」と教えてくれた。

政府の同化政策によってアイヌへの差別が激しかった時代。つるさんはシヌイェによってアイヌとして生きる道しかなかったが、子供たちにアイヌの風習を継承させようとはしなかった。

祖母ツヤコさんは1925年（大正14年）、つるさんとアイヌの男性の間に生まれた。ツヤコさんが子供の頃、両親が別れ、ほとんど学校に通わず、8歳で和人の農家で奉公した。生前、当時を「あめた（腐った）ご飯を食べさせられたこともあった」と振り返った。悔しさから人の何倍も働き、和人と同じ位置に立つことにこだわったという。

作業員宿舎で働いていた時に室蘭出身の男性と結婚した。「和人と結婚する」という強い意思に基づいていた。真衣さんは、こうした意識を「日本社会での生存戦略」という言葉で説明する。「混血によって身体的特徴を薄くし、日本社会になじませることで多数派と対等に生き延びることを望んだ」と分析した。

ツヤコさんはアイヌ文化を避け、民具や衣装も持たず、アイヌ語も話さなかった。和人と対等になるため懸命に働き、子供たちには「体ではなく頭を使う仕事」を望んだ。亡くなったのは99年、真衣さんが米国留学中だった。ツヤコさんは「留学を全うして帰ってくること」を願っていたから、親戚は真衣さんに祖母が病床にあることを、亡くなる直前まで伝えなかった。

母イツ子さんは52年に平取町中心部で生まれた。激しい差別体験はなかったという。中学卒業後は美容師になったが、20歳から教員を目指し札幌近郊の定時制高校に通った。翌年、米国の先住民族運動に触発されたイツ子さんの従姉妹《いとこ》が帰国し、白石区のアパートに同居しながら同人誌的な新聞「アヌタリアイヌ——われら人間」を創刊した。

ただ、アイヌ民族が主張する漁業権や土地の権利回復などを紙面で扱ったため、警察から過激派とみなされ、約3年で廃刊に。イツ子さんは新聞を出したことについて「抵抗運動ではなく、『人間宣言』だった。だが、社会は何も変わらず、居場所も失ったという意味で挫折だった」と話した。

81年、札幌の古書店に勤める和人の男性と結婚。夫婦で古書店を開店するまでの半年間、アイヌ文様の着物の美しさにひかれ、北海道ウタリ協会（現北海道アイヌ協会）の刺しゅう教室に通った。半年間の講座で自分に伝統文化が何も備わっていないことを知り、「やはり私はアイヌ民族ではない」との思いがこみ上げた。

イツ子さんがアイヌ文化に関わるのは、これが最初で最後となった。真衣さんには「アイヌの血を引いているのにアイヌを差別してほしくない」との思いから出自を伝えた。ただ、その影響で真衣さんは英語教師を辞め、アイヌ民族の研究をしている。その様子を見て「出自を伝えて良かったのか。言わなければ普通の先生だったろうに」と思う。

真衣さんは「100年の旅」で自らを説明する一つの言葉を見つけた。それは「縦と横の分断によって沈黙する存在」だ。

論文執筆時を振り返る石原真衣さん。曽祖母、祖母、母が差別や当時の社会の無理解に苦しむ姿を書く時は「本当に心が痛かった。泣いてばかりだった」

曽祖母や祖母のように、日本社会で生きるため、子供にアイヌ文化を継承せず、家族同士でもタブーとして話さないことを縦の分断と位置づけた。横の分断は、母のように自身の存在を模索しながら、アイヌではないとの認識を深め、民族とのつながりが薄まることだ。真衣さんの場合は、大学院で、周囲の人々が抱くアイヌ像に自身を位置づけることに違和感を覚え、混乱や葛藤に陥った。

真衣さんは語る。「『縦と横の分断』によって生み出されたのは、アイヌ社会からも日本社会からも二重に周辺化されるアイヌの姿だった。私たちは自らを説明できずに沈黙し、不可視な存在となってしまった」

母校の北星学園女子高で講演する石原真衣さん。「私をアイヌだと思いますか」と聞いて回ると、「思わない」との回答が多かった

沈黙する背景　考えてみて

２月下旬、母校の北星学園女子高（札幌市中央区）講堂に真衣さんの姿があった。約１５０人の後輩が見つめる中、普段から好む和服姿で壇上からにこやかに語りかけた。「きょうは私の『１００年の旅』に付き合ってください」

真衣さんは「見えない世界を見る」と題し、研究論文の内容を講演した。アイヌの血を隠していたことや曽祖母のシヌイェについて語った。壇上から降り「親友からアイヌの血を引いていると打ち明けられたらどうする」と聞いて回った。

そして道の２０１３年の調査で道内のアイヌ民族が１万７千人近くいるとのデータを示した。「私はそこに入っていない。だけど、私のような存在を入れると５万人か、10万人を超えるかもしれない。そうすると、道内は50人から１００人に１人が『アイヌ』ということになる」

最後に力を込めて言った。「沈黙する人たちの背景に対する想像力を養ってほしい。それを持てる人こそが豊かな社会をつくるはずだから」

道のアイヌ生活実態調査では63市町村に1万3118人

道が2017年度に行ったアイヌ生活実態調査では、アイヌ民族について「地域社会でアイヌの血を受け継いでいると思われる方、また、婚姻・養子縁組等により、それらの方と同一の生計を営んでいる方」と定義。市町村や北海道アイヌ協会などの協力を得て、道内63市町村に1万3318人いることを把握した。

これ以外に道内のアイヌ民族の人数に関する公式な調査はないが、専門家の間では、調査対象外でアイヌの血を受け継ぐ人は数万人いるとの見方がある。道外では、東京都が1988年に都内のアイヌ民族について調べたことがあり、推計2700人だった。

国連の「先住民族の権利に関する国連宣言」（07年）では、先住民族の明確な定義を定めていない。政府のアイヌ政策のあり方に関する有識者懇談会が09年にまとめた報告書では、先住民族について「多数民族の支配を受けながらも独自の文化とアイデンティティーを喪失していない」人々と位置づけている。

葛藤はスープに溶け

帯広市に料理店を出す　豊川純子さん

幼心の「禁忌」

帯広市中心部の観光名所「北の屋台」に2017年4月下旬、ポンチセ（アイヌ語で「小さい家」の意味）という名の料理店がオープンした。店主となる豊川純子さん（40）にとって「初めてアイヌ文化と向き合う場」になる。

豊川さんは帯広で生まれ育った。幼い頃、母加代子さん（65）が通っていたアイヌ伝統の踊りの練習について行ったことがあるが、小学生になってから「差別されるのでは」と足が遠のいた。中学の時には出自を知る生徒から「豊川、アイヌ」と呼ばれ、血の気の引くような思いをした。その後、自らアイヌのことを話す機会はなかった。

高校卒業後、飲食店や保険代理店に勤め25歳の春、手

母の加代子さんからポネオハウの作り方を教わる豊川さん（右）。「私がアイヌ料理の店を出すとは思わなかった」とほほえんだ＝３月中旬、帯広市内の加代子さん宅

に職をつけたいと帯広高等技術専門学校に入学。そこで、一人の女性と出会った。アイヌ伝統舞踊の保存会に所属していた当時18歳の館下直子さん（33）。お互いにアイヌの血を引くことから気が合い、豊川さんは心を開いていった。

ある日。「どうしてアイヌのこと隠しているの」。豊川さんは、館下さんからそう問いかけられ戸惑った。なんて答えていいか分からなかった。館下さんが「アイヌの出自を恥ずかしいと思うべきではない」などと語りかけるうち、豊川さんは「アイデンティティーを無理やり感じさせられる気がしたけど、自分と正直に向き合うことが心地よくなってきた」と振り返る。

それまで家庭でも語ることのない「タブーのようなテーマ」だったアイヌ。館下さんと出会って以降、アイヌの若者のライブに顔を出し、親しい人に出自を言えるようになった。ただ、アイヌ文化には関わらなかった。「避けてきたアイヌに急になることはできないと思った」

がん宣告機に

２０１６年夏、転機が訪れた。乳がんを宣告された。目の前に死が現れ「私の人生は何だったのか。自分の中のアイヌから逃げてばかりで何もしていないではないか。もっと向き合いたい」との気持ちが湧いてきた。

同年9月に受けた手術の10日後、一本の電話が入った。がんを宣告される前に出店を考えていた「北の屋台」に、飲食店経営を学ぶ事業の研修生として開店が認められたのだ。

かつてインドネシアに長期滞在したことがあり、当初はアジア料理を中心にしようと考えていたが、悩んだ末に目玉はアイヌ料理に決めた。「伝統文化を伝えてきたアイヌの人たちからどう見られるか」と不安もある。それでも「これから一生懸命勉強しないと」。

翌年3月中旬。帯広市内の実家の台所に、豊川さんと加代子さんの姿があった。豚骨と野菜でいっぱいにした鍋を3時間ことこと煮込む。加代子さんからアイヌ料理ポネオハウ（骨のスープ）の調理方法を教わっていた。器によそうと優しい香りが漂った。アイヌを隠していた時期も、いつも身近にあった味だった。

一口含んだ。「ああ。懐かしい」

私の中で生きる祖母

息子にアイヌ文化を伝える　兼田万里さん

「ありがとう」

「ほら、これがママの大事なばあちゃんだよ」

千歳市の主婦兼田万里さん（41）は、恵庭市の実家で、長男悠世《ゆうせい》君（4）に一枚の写真を見せた。

写っているのは万里さんの祖母で、日高管内新ひだか町三石出身の延岡キエさん。アイヌ民族で、口の周りにはシヌイェ（入れ墨）を施していた。悠世君は「ちょっと怖い」と表情をこわばらせたが、万里さんは「これが昔、はやっていたんだって」と笑って言った。

万里さんは小さい頃、キエさんがいた日高管内浦河町の老人ホームに月2回程度、恵庭から両親と通った。施設から100メートル余り離れたバス停に着くと、キエさんはいつも待っていて、顔がつぶれそうになるほど抱きしめてくれた。

施設の敷地内にクマやキツネの足跡があると、「みんなババの友達で怖いことなんてないよ」と言った。食事の際は必ず「イヤイライケレ（アイヌ語で『ありがとう』）」とつぶやき、大切そうに食べていた。

祖母の考え方や感謝する精神は、「一人の人間として一番大事にしたい部分」。万里さんは当時から、そう思っている。

しかし、小学4年の授業でアイヌ民族について学んだ直後、同級生から「おまえアイヌだろ。教科書の顔と同じだ」と言われた。いじめにつながり、中学では「近づくな。菌が移る」とも言われた。いつも下を向いて歩いていた気がするが、学校には通い続けた。キエさんから「自分がしっかりしていれば、何を言われても関係ない」と伝えられていたからだ。「私はアイヌの血を嫌だと思ったことは一度もない」

中学卒業後、地元のパン工場や大手チェーンのすし店で働くと、周囲の雰囲気は変わった。自分より年下のアルバイトの男性から「そういう顔いいよね。アイヌでしょ」と笑顔で言われた。自分にとって差別の対象だったアイヌのことを好意的に受け止めてくれる人がいたことに驚き、「アイヌに対する意識が変わってきている」と感じた。

悠世君に祖母キエさんの写真を見せる兼田万里さん。窓からの日差しで写真の裏側から民族衣装を着たキエさんが透けて見えた

20歳の冬、キエさんが92歳で亡くなった。「心の中の一番大事な軸を引き抜かれた」と振り返る。今でも思い出すだけで涙が止まらない。「ばあちゃんの思いをしっかりと引き継ごう」と、気持ちを切り替えるまで2年近くかかった。

否定しないで

33歳でアイヌ文化に理解のある夫と結婚した。悠世君と3人で暮らす。今は子育てや親の介護で文化伝承に関わる時間はないが、悠世君にキエさんのことを話したり、簡単なアイヌ語を教えたりして、穏やかな日々を過ごしている。

ただ、2014年夏、当時の札幌市議が短文投稿サイト「ツイッター」に「アイヌ民族なんて、いまはもういない」と書き込んだことは、自身の存在を否定されたようでショックだった。「表面上は伝統的なアイヌ民族の暮らしをしていなくても、自分の中のアイヌを大切にして暮らしている人間がいるのに」
親戚と山菜採りをする時間が大好きで、悠世君も連れて行く。山に入る際、必ずすることがある。「恵みをいただきます。イヤイライケレ」。心の中でそっと祈る。

いいね！　友人も好感

血を受け継ぐことを最近知った　中野圭佑さん

成人後に知る

午後9時、帯広市の繁華街にあるカフェバー。ヒップホップ系の音楽が流れる店内のカウンターに、焼酎の水割りを手にした黒いジャケットの男性がいた。

「俺、実はアイヌ民族なんだよ」。中野圭佑さん(25)が、カウンターの女性店員に語りかける。

「へえ、すごい。アイヌって、どんなことやっているの」と店員が尋ねると、「俺は何もやってないよ。よく知らないんだよね」。中野さんはそう笑い飛ばした。

帯広で生まれ育った中野さんは、アイヌの血を引いていることを最近まで知らなかった。小学校の授業でアイヌ民族について学んだが、「雪の中で動物の毛皮を着ながらシカ狩りをしている程度のイメージ」しかなかった。

高校卒業後、牛を飼育する牧場の仕事に慣れた3年前の夏。自宅の居間で、スマートフォンで会員制交流サイト（SNS）を見ていると、親戚の同年代の男性がアイヌ関連のイベントの開催情報を発信していた。少し気になり「彼は何かアイヌのことをやっているの」と母親に聞くと、「アイヌの団体で働いている。アイヌだから。ていうか圭佑もだよ。知らなかったの？」。

その時、初めて自分がアイヌの血を受け継ぐことを

帯広市内のカフェバーで店員の女性と談笑する中野さん。友人らと組むサッカーチームの話で盛り上がった

知った。中野さんは思った。「ラッキー。珍しいから、合コンの会話のネタになるかも」

中野さんは早速、翌日から友人たちにアイヌの出自を伝えると、「へえ、そうなんだ」「かっこいい」という好意的な反応だった。あこがれのまなざしを向ける人もいた。特に質問や詮索もされなかった。

母親が、尋ねるまでアイヌのことについて伝えなかった理由について、中野さんは「聞いてないし、今も知らない」と語った。

北海道大学アイヌ・先住民研究センターなどが2008年、道内のアイヌの血を受け継ぐ人と家族の約5千人を対象に行った調査では、「普段、自分をアイヌ民族として意識するか」との質問に、30歳未満（864人）の67％が「まったく意識しない」と回答した。中野さんは調査対象に入っていないが、受けていれば、この中に入っていただろう。

進む無意識化

同センターは「若い世代で無意識化が急激に進んでいる」とした上で、その理由が「アイヌ民族であることを隠そうとする消極的な意識の表れではなく、『民族』という区別への懐疑や、自らを地球人として位置づけようとする積極的な意識の表れである可能性もある」と分析した。

中野さんは友人に出自は伝えても、アイヌとして発言することはなく、アイヌ文化の伝承活動などに関わろうとも思っていない。

ただ、高校時代にインターネットか本で見た「アイヌは、うそをつかない」という言葉が心の中で引っかかっている。「自分のルーツがアイヌと知ったとき、あの言葉は俺と同じだな、と思った。俺ははっきり言うタイプ。俺はうそをつけないから」

アイヌ民族であることをまったく意識せず 30歳未満67%

北大アイヌ・先住民研究センターなどが行った2008年の意識調査には、アイヌの血を受け継ぐ人と家族の5178人が回答。アイヌ民族であることについて「まったく意識しない」は48%を占め、「時々意識する」が27%、「意識することが多い」は11%、「常に意識している」は14%。「まったく意識しない」との回答は、70歳以上で38%、60～70歳未満で35%だが、30～40歳未満で55%、30歳未満で67%と多くを占めるようになる。

今後の生き方については2499人が回答。「アイヌとして積極的に生活したい」が18%で、「特に民族は意識せずに生活したい」は74%、「極力アイヌであることを知られず生活したい」は6%だった。

「私はメノコ」信じる

自分のルーツを探す　加賀谷京子さん

文様に誘われ

春の柔らかい日差しが室内に注ぐ中、藍染めの布にアイヌ文様の白い布を一針一針、丁寧に縫い付ける。

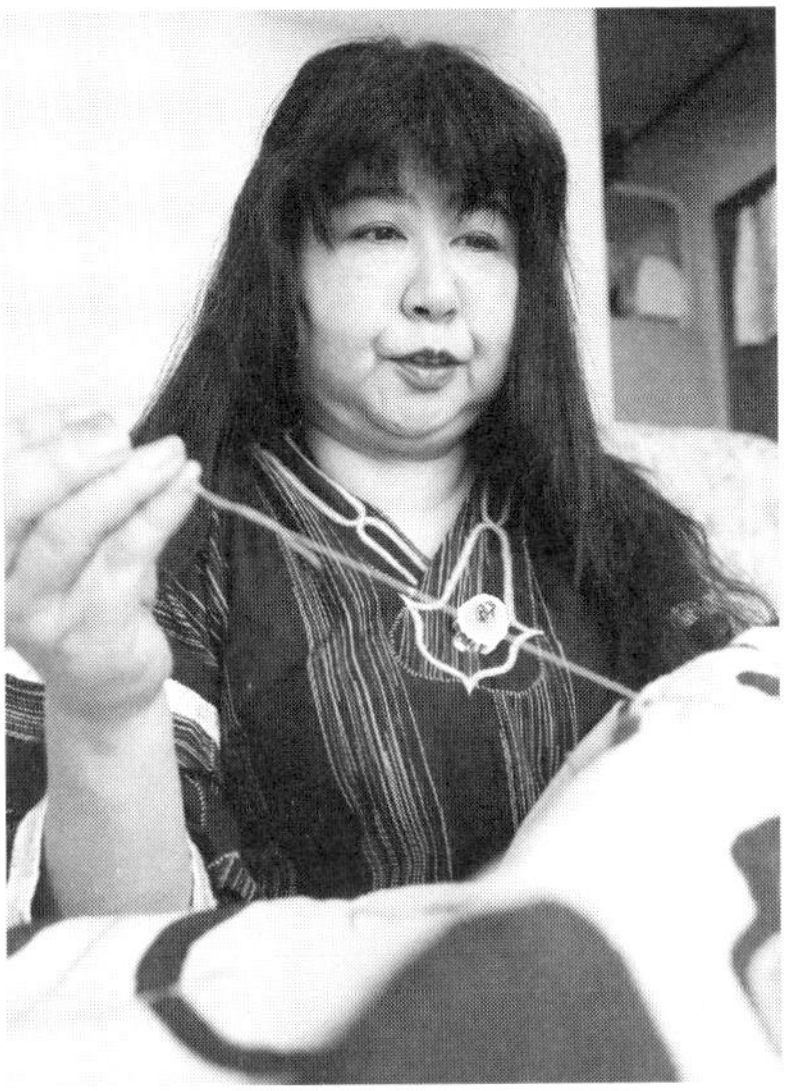

カパラミプに針を通す加賀谷京子さん。アイヌ文化の勉強は「刺しゅうの腕を上げるのが当面の目標」という

札幌市南区の主婦、加賀谷京子さん（51）。2017年3月から始めた木綿衣「カパラミプ」の刺しゅうをしながら、「私にはきっとアイヌの血が流れているはず」と自分に語りかけた。

加賀谷さんは、生後まもなく函館市の乳児院に預けられ、2歳から和人の家庭で育った。育ての親から養子だと聞いたのは大人になってからだが、幼少期に母親から冗談っぽく「アイヌの子かも」などと言われた。今になって「ある日突然、養子だと分かるよりも、徐々に感じさせてショックを和らげるための配慮だったのかも」と思う。

専門学校卒業後、障害者が入所する救護施設で働き、中学時代の学習塾で同級生だった夫と25歳で結婚。夫の転勤で札幌に住み、30歳で長男を出産した。

それから20年近くたったある日、札幌時計台付近をバ

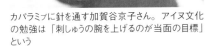

スで通りかかると、一枚の看板が目に入った。「フチヌ工房」。看板の周囲にはアイヌ文様が描かれ、アイヌ民族に関する何かに取り組んでいる場であることが分かった。その後も工房の前を通り過ぎるたびに、次第に気になっていった。そして15年の9月、「引き込まれるように工房に入った」。

壁には民族衣装が1点飾られているだけで、室内に女性が数人いた。アイヌの女性の名前であるフチヌと名付けた工房は、アイヌ文様の刺しゅう教室だった。講師の藤岡良子さん（71）から「お茶でも」と言われて腰掛けると、初対面にもかかわらず、生い立ちなどを次々と打ち明けていた。

ここが居場所

そして藤岡さんは、加賀谷さんの顔をじっと見つめながら言った。「あんた、立派なメノコ（アイヌ語で『女性』）でしょ」

その瞬間。幼少期に母親から何度も「アイヌの子かも」と言われたことを思い出した。「本当の自分を発見したようで、うれしかった」。藤岡さんが会長を務めるアイヌ舞踊団体「札幌ウポポ保存会」で、翌日から活動を始めた。

保存会は小中学生や観光客らに歌や踊りを披露することが多く、「足手まといになってはいけないと、勉強また勉強の日々」と話す。アイヌ文様の衣装を着た加賀谷さんを、大学生の長男は「すごく格好いい」、夫も「似合っている」と応援してくれている。高校時代の同級生は「京子は、きっとアイヌなんだね」と言った。

藤岡さんとの出会いから半年後、自分のルーツを確かめようと函館市役所に行き、実母の戸籍を見た。4世代前までさかのぼれたが、手がかりはなかった。3月中旬には実父の戸籍も見たが、結果は同じだった。2人とも、生きていることと住所は分かった。

加賀谷さんは近く、もう一度函館を訪れるつもりだ。「2人に会って、私がアイヌの血を引いていることの『決定打』を聞きたい。もし聞けなくても、アイヌの歌や踊り、刺しゅうは続けるつもりなんです」

教壇で伝えたい思い

教師を目指して大学に入学した　平沢隆二郎さん

小3の心に傷

札幌市中心部で2017年4月1日に行われた札幌大学（札幌市豊平区）の入学式。スーツ姿の新1年生の輪の中に、釧路市阿寒湖温泉出身の平沢隆二郎さん（18）がいた。同年3月中旬から札幌市内で暮らしている。「新しい自分自身が始まっているような気分です」

両親はかつて阿寒湖温泉で、アイヌ民族の伝統舞踊の踊り手を務めていた。平沢さんも小さい頃は、舞踊団体の練習に毎週通った。近所の人から刺しゅうや木彫りを習うこともあり、「アイヌ文化が日常に溶け込んでいた」という。

小学3年の時だった。ずっと気にしてきた外見の特徴について友人から差別的な言葉をかけられ、ショックを受け自宅で全身の毛をそった。このことを学校が問題として取り上げると、逆に友人たちとの間に壁ができた。それ以来、アイヌ文化から距離を置き、中学時代からは、ほぼ関わらなくなった。

高校3年の初夏。

札大の入学式を前にウレシパクラブの同級生と記念撮影をする平沢さん（手前）

卒業後の進路に悩んでいた時、札幌大にアイヌ民族の子弟を対象とした「ウレシパ奨学生制度」があることを知った。ずっと避けてきた自らのアイヌ。ためらいがあったが、大学に進学したい思いが強く、「見るだけ見てみよう」とバスで札幌に向かった。

何百人もの人が訪れ、にぎやかな札幌大のオープンキャンパス。アイヌ文化の担い手を育てる「ウレシパクラブ」の説明会には数人程度が参加していた。平沢さんが顔を出してみると、クラブの創設者で、アイヌ文化に詳しい札幌大の本田優子教授がいた。本田さんは参加者に、こう語りかけた。

「アイヌ語で『考える』という言葉はヤイコシラムスイェと言います。直訳すると『自分に対して自分の心を揺らす』という意味です。考えるのは、頭ではなく心なのです」。そして「さまざまなことを心を揺らしながら、考えてください」と。

教師になる夢

平沢さんの内側で、何かが動きだす気がした。

小学生時代から悩みを抱え、家族が継承していた文化からも距離を置いてきた。それでも、通学中も授業中も食事の時も寝る前も、自らのアイヌを考えない日はなかった。

「修学旅行で風呂に入ったら何か言われるかも」「同級生は本当にアイヌのこと分かってないなあ」…。心を揺らして考えてきた。

ヤイコシラムスイェ――。初めて、自分の気持ちと自分の生き方が合致した気がした。

16年秋、札幌大の推薦入試を受け合格。ウレシパクラブに入った。入学式の直前、クラブの学生と新入生の交流の場があった。平沢さんは、自己紹介で教師を目指していると打ち明けた。

「アイヌに関することを教育現場から広めたい。もちろん差別もなくしたい。授業で説明する時間がなくても、さりげなくアイヌ語を教えたりして、親しんでもらうことから始めたい」

［番外編］

知る語る　未来紡ぐ

北海道大学大学院の石原真衣さん（35）と札幌大学1年の平沢隆二郎さん（18）との対談や、札幌大学にアイヌ文化の担い手を育てるウレシパクラブを創設した本田優子教授のインタビューなどを通じて、アイヌ民族を巡る社会や時代の変化について考える。

アイヌでも和人でもない私がいる

——北海道大学大学院生・石原真衣さん

◉石原　私はアイヌの血を引いていることをこれまで身近な人にしか伝えていませんでした。今回、自分のことや先祖のことが新聞に載ることで、親戚を戸惑わせてしまうのではないかと心配していましたが、「うれしかった」「新聞を切り抜いた」と言ってくれました。親戚とはアイヌ民族について話す機会はなかったので、そういう意味でのつながりを初めて持つことができました。

❖平沢　僕は差別を受けてきた経験から、アイヌの血を引いていることにマイナスのイメージを持つことが多かったのですが、今回の連載に登場した同世代の姿を見て、それは変わってきていると感じました。一方、アイヌの血を受け継ぐ若い人たちの間で、民族意識が薄まっているという現状については、明治期以降に日本政府が進めた同化政策によるものではないのか、との思いも抱きました。

　僕はアイヌの血を引いている人は、アイヌ民族だと自覚した方がいいと思います。アイヌか和人かという選択肢があり、和人を選ぶ人が増えたら、そもそも少数派であるアイヌは将来的にいなくなってしまいます。これからも、僕たちはアイヌ文化を継承していかなければいけません。

◉石原　アイヌ民族として生きようとする若い人の力強い意見は素晴らしいと思います。ただ、長年アイヌの出自を隠し、アイヌとのつながりを持てなかった私としては、ある日から急にアイヌ民族として生きることはすごく難しい。だから私は人前では、「アイヌでも和人でもない人だと思うようにしてください」と話しています。アイヌか和人かという枠組みではなく、アイヌ民族のアイデンティティーはないけれど、アイヌの血を引いているということを認識してほしい。そしてなぜ、私のような人間が存在するのかを考えてほしいのです。

❖**平沢**　新聞連載の中で、石原さんがアイヌの出自を告白した時、友人から「あなたがアイヌでも気にしない」と言われてショックを受けていましたが、僕もよく言われる言葉です。おそらく、言った本人は差別意識がないことを強調したかったのでしょうが、マイナスのイメージを前提としています。どんな言葉だと、いいと思いますか。

◉**石原**　「教えてくれてありがとう」とか「あなたのことをもっと知りたい」と言われると、ほっとします。少なくとも関心を持っているという姿勢を示してくれるとうれしいです。

❖**平沢**　僕はこの春から札幌大のウレシパクラブに入ります。この4年間でしっかり勉強して、自身のルーツを理解して、誇りを持てるようになりたいです。

石原真衣さん

◉**石原**　ルーツを知ることで人としての土台がしっかりするし、誇りを持つことは大事なことです。ただ、私は誇りを持とうとしたり、持てなかったりすることが、アイヌ民族側の自己責任として考えられていることは問題だと思っています。誇りを持てないような人がいるのは、アイヌ民族側の問題ではなく、北海道の歴史やいまの社会に由来していると思うからです。

　よく日本社会では国際化に重きを

置きますが、もっと足元の異文化や異民族を見つめてほしい。北海道の先住民族の過去と現状について、教育現場でもちゃんと扱ってほしいと思うんです。そして北海道には植民地主義的な支配を受けた過去があったことと、それに基づく現状があるという認識を持つべきです。北海道の国際化はそこから始まるはずです。

❖**平沢**　アイヌ民族の歴史や文化に関する授業は、一般的に小学4年と中学2年の時にありますが、それ以外ではほとんど学ぶ機会がありません。アイヌ民族に対して無関心な人は本当に多いと感じています。僕は教師になることを目指していますが、日常生活でさりげなくアイヌ民族の精神文化などを伝えて、より多くの子供たちに親しんでもらいたいと思います。

◉**石原**　私はずっとアイヌの血を引くことを隠していましたが、さまざまな葛藤を通じて経験してきたことを知ってほしいと考えました。私と同じように、アイヌの出自を隠してきた人はたくさんいると思います。その方々の同意を得られれば、思いを聞きたいし、一緒に考えていきたい。まずは自分たちで語ったり、物語を紡いだりすることでしか、私たちの痛みは癒やせないと思うんです。そして先住民族としてのアイヌ民族の過去を相対化して、北海道の未来につなげることができるような研究を発表したいです。

自身のルーツを理解し、誇り持ちたい

——札幌大学1年・**平沢隆二郎**さん

平沢隆二郎さん

いろいろな存在があっていい

——札幌大学・本田優子教授

いまの社会でアイヌ民族として生きていくことに対し、とても重いものを感じている若者は少なくありません。さまざまな事情がありますが、「和人は普通に生きているのに、どうして私たちは『アイヌ』を背負わないといけないのか」という声を聞きます。

アイヌ民族の若者たちが日本社会の中で、そうした思いを抱くのは、多数者が多数者として成熟していないことが原因の一つにあるのではないでしょうか。アイヌ民族にとって、何が居心地の悪いことなのか、何が傷つくことなのか、ということに、もっと敏感であるべきだと思います。

人権意識が高まる中、社会全体に差別してはいけないという感覚は広がっています。しかし、差別がなくなれば、それで終わりということではありません。何を尊重されたいと願っているのか想像力を持って接するなど、これまでとは違う次元で成熟していくことが必要だと思います。

私は札幌大学で2010年からアイヌ民族の子弟を対象としたウレシパ（アイヌ語で「育て合い」の意味）奨学生制度とウレシパクラブを創設し、伝統文化伝承の担い手を育成してきました。アイヌの血を引く人が、みなアイヌ文化を学ぶ必要があるとは思いませんが、一度は自民族の歴史や文化のシャワーを浴びる環境があってもいいと思います。

ほんだ・ゆうこ

1957 年金沢市生まれ。北大文学部卒業後に約 10 年間、日高管内平取町でアイヌ民族初の国会議員、故萱野茂さんによるアイヌ語辞典編さんなどに携わる。2007 年から現職。

道のアイヌ生活実態調査では1万3千人以上のアイヌ民族を把握しましたが、実際にアイヌの血を受け継ぐ人は、その何倍もいると思います。今はそうした家庭に生まれても、伝統文化に触れたり学んだりすることはほとんどなく、アイヌ民族としての誇りを持つことも難しいと思います。

ウレシパクラブで、アイヌ文化のシャワーを浴びて「ああ、気持ちよかった」と言って違う世界に行ってもいいし、働きながら月に1回くらい文化伝承活動をやってもいい。もちろんプロとして文化伝承に携わってもいい。アイヌの血を引く人たちには、アイヌか和人かという枠組みだけでなく、自らの存在について、さまざまなグラデーションがあっていいのです。

そういう環境を整えることこそが、政府や自治体のアイヌ政策であってほしいと思います。

「数万人以上」との見方も

北海道におけるアイヌ民族の人数は、道のアイヌ生活実態調査で、2017年に63市町村で1万3118人とされている。調査対象は「地域社会でアイヌの血を受け継いでいると思われる方、また、婚姻・養子縁組により、それらの方と同一の生計を営んでいる方」と定義した。

生活実態調査で人数を把握する方法は、各市町村に委ねられた。日高管内平取町は、北海道アイヌ協会平取支部（現平取アイヌ協会）の協力で、町内に住むアイヌ民族の情報を得て名簿を作成した。旭川市は、市の生活相談員がアイヌ民族団体会員の家を一戸ずつ訪問し、聞き取りを行った。

札幌市は、06年度の調査は平取町と同様に、札幌アイヌ協会の協力を得て行ったが、13年度は過去の調査などを参考に、アイヌの血を受け継いでいると思われる人にアンケート用紙を送付し、返答が来た人をアイヌ民族とした。市は変更理由について「本人の意思も含め、より的確に実態を把握できる方法を選んだ」と説明する。変更に伴い、06年度の2059人から13年度は484人に減った。

札幌アイヌ協会の阿部一司会長は、札幌市の13年度の調査方法について、アンケートの返答に抵抗があるなどの事情があった人も多かったとして「アイヌ民族の実態を反映してない可能性も高い」と指摘する。

アイヌの血を受け継ぐ人で、道が把握していない人は大勢いるとみられ、専門家の間には「道内に調査対象外の人は数万人以上いる」との見方がある。

一方、戦前におけるアイヌ民族の人数に関する資料もある。

アイヌ民族の歴史に詳しい東北学院大の榎森進名誉教授によると、江戸時代は松前藩などの文書に記述があり、1798年（寛政10年）に2万380人、1807年（文化4年）に2万6256人などのデータが残っている。ただ数字は、アイヌ民族を労働力として把握することを主な目的としており、調査方法には不明確な点もあるという。

明治期以降は、当時の政府がアイヌ民族を日本国民に編入し戸籍に入れたため、人口は戸籍上の統計を基本としている。1873年（明治6年）に1万6272人、1913年（大正2年）に1万8543人、36年（昭和11年）に1万6519人と推移している。

明治政府は、アイヌ民族に和人風の名前を名乗るように強要し、同化政策を進めた。榎森氏は「当時、アイヌ民族の戸籍は和人と区別した扱いを受けていた。戸籍ができた後も、北海道開拓使はアイヌ民族を『旧土人』と呼んでおり、新たな社会的な差別を受けることになった」と指摘する。

明治政府が1869年（明治2年）に開拓使を設置し開拓政策を進めてからは、本州などから移住者が増え、アイヌ民族の人口の割合が急激に下がった。開拓使が移住者に土地や漁場の権利を与えたため、アイヌ民族は生産活動の領域を狭め、生活が困窮したほか、伝統的な文化も破壊されていった。

道が発行する新北海道史には、1937年（昭和12年）以降のアイヌ民族の人口に関するデータはない。当時の日本国内が戦時体制になる中で、人数が把握されなくなったとみられる。

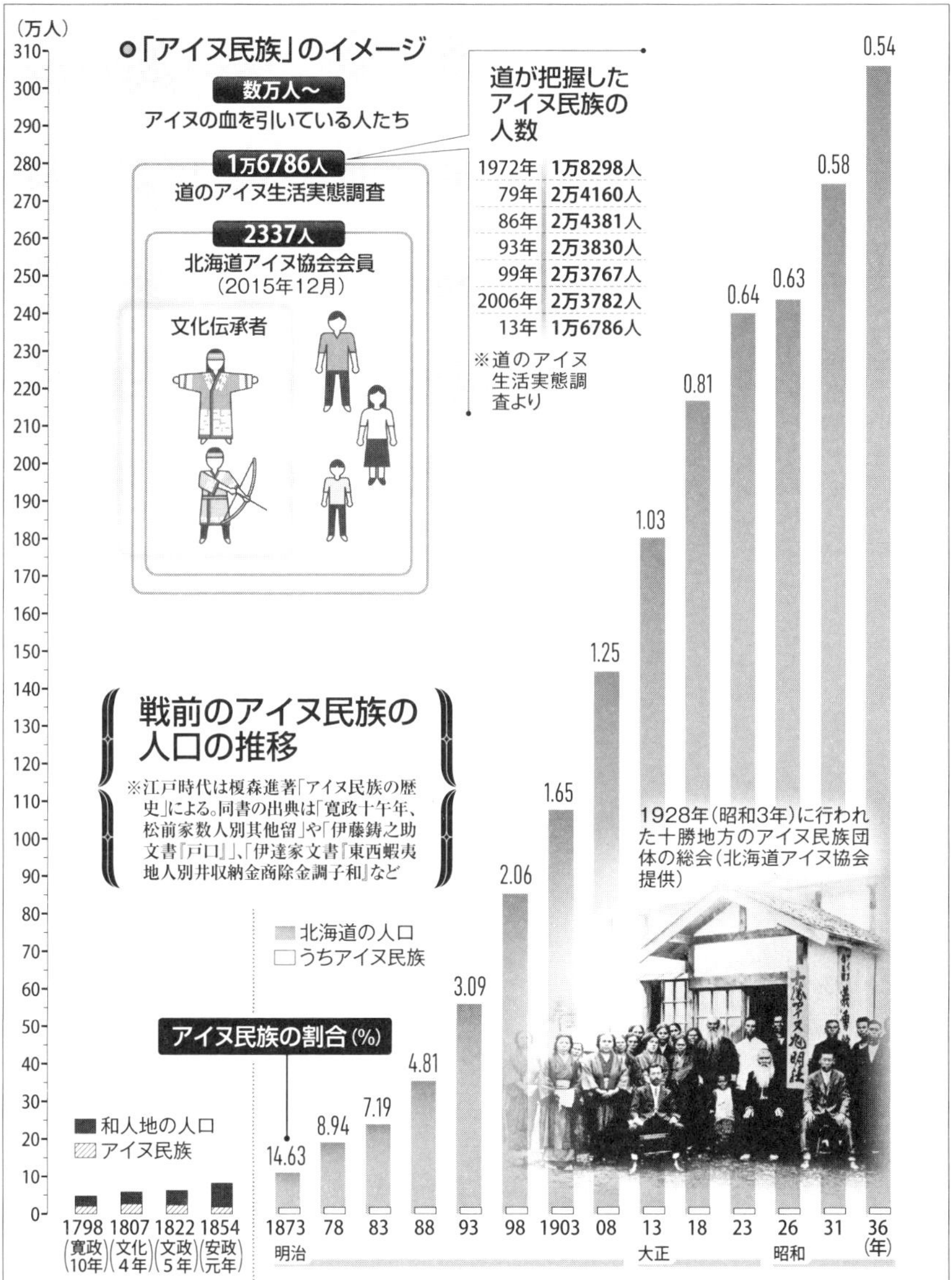

※江戸時代のアイヌ民族の人口は現在の国後島やサハリンも含む。江戸時代の和人の人口は永住が認められていた道南の和人地に限る

※明治以降は「新北海道史第9巻史料3」による。1873年（明治6年）の北海道の人口は72年（明治5年）のデータ。1937年（昭和12年）以降の記載はない

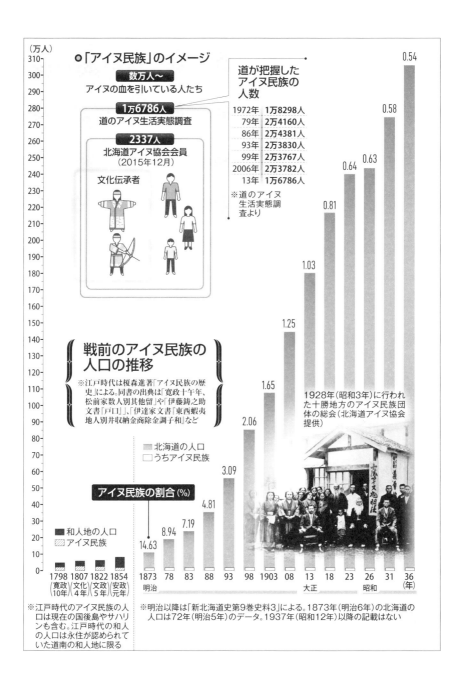

［反響編］

同級生を傷つけた／アイヌ民族　身近な存在／理解したい

連載「こころ揺らす　第1部」に、読者から電子メールや手紙などで約110件の感想や意見が寄せられた。連載を通じて、アイヌの血を受け継ぐ人は身近な存在だと感じた人が多く、「道民はアイヌ民族と北海道の歴史について、もっと学ぶ必要がある」との感想が目立った。

連載では、アイヌの血を引くことの悩みや葛藤のルーツを探るため、曽祖母から自身に至る4代の人生を研究論文にまとめた大学院生、石原真衣さんらを紹介。札幌市北区の松本巧さん（44）はメールで「心が痛んだ。私も子供の頃はアイヌ民族を特別な目で見ていた」と打ち明けた。

札幌市手稲区の森井浩樹さん（49）も小学生の時、同級生に「アイヌ」と言って傷つけたことがあったといい、アイヌ民族の問題について「よく、深く、自分自身が考えること、感じることが大事。よく議論もしたい」と述べた。

根深い問題

道内で暮らしていても、アイヌ民族を巡る現状に関心が薄かったという意見も目立った。函館市の30代主婦は「アイヌといえば、博物館で出合うアイヌ文化」のイメージだったといい、連載で「和人がアイヌ民族を排除してきた経緯を知った。現在でも多大な心理的影響を及ぼしていることに問題の根深さを感じた」。

富良野メセナ協会の篠田信子代表は、かつて研究者から「中途半端にアイヌ民族の問題に触れてはいけない」と言われ、「自ら関心を持つことを封じていた」という。連載を通じ、アイヌの血を引く若者らが多くの人に関心を持ってもらいたいと思っていることを知り、「これを機にアイヌの方々と接し、分からないことを素直に聞いて勉強していきたい」と語った。

連載で、アイヌの血を受け継ぐ人は、道の調査で把握した約1万7千人以外にも「数万人以上いる」との見解を紹介したことへの反応もあった。北広島市の60代男性は「（その多さに）驚いた。道民の理解が深まるよう願う」。旭川市の斉藤展子さん（38）は、アイヌの工芸品の展示会に足を運んだこともあるが、現状への認識が足りなかったとして「理解する努力、話を聞くこと、学ぶことをしないと」と決意を記した。

一方、オホーツク管内小清水町の40代男性から、「アイヌ民族の問題に注目させようと、記事を大きくすればするほど、人種差別の溝を大きくしてはいないかと感じた」との指摘もあった。

自らの経験や共感など、さまざまな思いがつづられたメールや手紙

経験と合致

アイヌの血を受け継ぐ人からの声

も届いた。日高管内日高町の女性(56)は涙を浮かべながら手紙をつづったという。身体的特徴に悩んだり、アイヌ民族の血を薄めるため同族との結婚を親戚から禁じられたりした経験があるといい、「アイヌであることが引け目になり暗い気持ちでいた。連載は私の経験と合致する」。

アイヌ文化の勉強会「ラムピリカ」の笹村律子代表(47)=帯広市=も差別から逃れるために上京した過去があるといい、いまは誇りを持って文化伝承活動に取り組む意思をメールで寄せてくれた。「まだまだ名前も顔も出せないウタリ(アイヌ語で『仲間』の意味)の声や思いを私たちが一歩でも前に立って、伝えていかなければならない」

第2部

自分らしくアイヌを伝える

アイヌの伝統と現代がとけあう文化の発信など、
新たな視点で活動している人たちを紹介します。

イタリアンに生かす母の味

大阪でイタリア料理店を営む　今ひろあきさん

大阪で奮闘中

　夕方になると酔客でにぎわう大阪市のJR天満《てんま》駅周辺。飲食店が軒を連ねる路地に「ケラピリカ」はある。店先の看板にはアイヌ文様と「北海食材イタリアン」の文字。店名はアイヌ語で「おいしい」の意味だ。

「これがイタリアンオハウです」。アイヌ文様があしらわれたTシャツを着たオーナーシェフ、今《こん》ひろあきさん（49）がスープ皿を持って現れた。

　オハウはシカ肉や魚、山菜などを煮込んだスープで、アイヌ民族の食生活の中心となる料理だ。イタリアンオハウは今さんのオリジナル。「トマトとオリーブオイルを入れると、うま味と香りが増して洋風になります」。常連客から「軽やかな味でわくわくする」と好評だ。

　今さんは札幌出身。母ミエコさん（71）がつくるオハウやラタシケプ（野菜の混ぜ煮）を食べて育った。高校卒業後は大阪の調理師専門学校へ。1年間のイタリア留学を経て27歳で大阪に店を構えた。

　当初は大衆向けの「普通」のイタリア料理店だった。開店から10年近くたち、近所の奄美料理店（鹿児島県奄美群島の郷土料理）の店主から「なぜアイヌ料理をやらないのか」と言われた。心の中にアイヌ料理を出したい思いはあり、専門書も熟読していた。でも「何も答えられなかった」。

　それは「アイヌ」という言葉を聞くだけで動悸《どうき》が激しくなるほど、子供の頃に激しい差別を受けたミエコさんが嫌な思いをすると思ったからだ。ただ、ルーツであるアイヌ料理への思いは日増しに強くなった。居酒屋がひしめく天満駅周辺で「個性がなくては勝負できない」との思いもあった。

うれしくて涙

２０１２年４月。今さんは意を決してミエコさんにアイヌ料理を店で出したいと告げると、ミエコさんは「ありがとう」と目を潤ませた。苦しんだアイヌの出自を、息子が前向きにとらえてくれたことがうれしかった。今さんは店名をケラピリカに変えた。それから５年。「アイヌ料理に挑戦して良かった。もっと極めたい」

17年２月、釧路市の阿寒湖温泉に今さんの姿があった。アイヌ料理の普及方法などを考えるイベントに招かれて参加していた。ラタシケプをセミフレッド（イタリア語で「半冷凍」の意味）にしたスイーツを提供すると、参加者が行列をつくった。

主催した阿寒アイヌ工芸協同組合の床州生《とこしゅうせい》理事には、狙いがあった。アイヌ文化を理解してもらおうと、いきなり差別の歴史や権利の主張をしても「耳を傾ける人は少ない」。まずは「誰もが関心ある食文化を知ってもらいたい。今さんの料理なら、一層興味を持ってもらえる」と考えた。

イベントのシンポジウムで今さんは強調した。「アイヌ料理に関心を持ってもらうには、他の料理と合わせるなど工夫が必要」。アイヌ料理とイタリアンがとけあって、新たな文化が生まれようとしている。

ケラピリカの店頭に立つ今ひろあきさん。「最近、北海道でアイヌ料理の店をやりたいと思うようになったんです。来年で50歳。故郷に帰りたいのかなあ」

漫画にも登場
高まる関心

アイヌ料理は狩猟や採集で得たサケやシカ、山菜、畑で栽培した雑穀やジャガイモが主な食材となる。オハウやラタシケプ、チタタプ（魚や肉を包丁でミンチ状にしたもの）など、アイヌ民族が受け継いできた味は今も各家庭に残る。

アイヌ料理を提供する専門店は、釧路市阿寒町阿寒湖温泉のアイヌコタンや胆振管内白老町のアイヌ民族博物館などのほか、東京都内にもある。

また最近、アイヌ民族の少女がヒロインの人気漫画『ゴールデンカムイ』（集英社）でアイヌ料理が描かれた影響などから関心が高まり、居酒屋の大手チェーン「いろはにほへと」の道内 30 店舗が2016年からオハウを提供するなどの動きが出ている。

アイヌ文化振興・研究推進機構は、文化伝承の一環としてアイヌ料理の講師を派遣しており、各地で料理教室が開かれている。

ケラピリカで提供しているイタリアンオハウ（手前左）と普通のオハウ（同右）。上はラタシケプ

明日を歌で変えたい

アイヌ民謡を今に伝える　川上容子さん

アレンジ自在

2017年5月中旬、砂川市内で開かれた世界各地の民謡をギターやパーカッションで現代風にアレンジする東京のバンドのコンサート。ゲストに招かれたアイヌ民族の歌手川上容子さん（39）はバンドのリズムに合わせ、節回しに独特の変化を加えたアイヌ民謡を響かせた。

♪ウタリ（＝みんなで）　オプンパレワ（＝立ち上がって）　リムセレーヤン（＝踊りましょう）　ハーホーオイヨー（掛け声）♪

口を大きく開け声帯を震わせた歌声は、心に絡みつくように響く。聴衆は「かっこいい」と酔いしれた。

川上さんは、アイヌ民謡をさまざまなリズムに合わせて歌えることから、各種イベントに呼ばれる人気歌手だ。「いろいろなバンドとの共演は楽しい。音楽の幅がどんどん広がる感じ」

帯広で生まれ育った。子供の頃、母親の豊川加代子さん（65）はアイヌ民族の歌や踊りの伝承活動をしていたが、加わることはなかった。歌うことは大好きで、アイドル歌手の物まねをしていた。川上さんは成人になって住んだ兵庫県で、ギターの友人とアコースティックユニットを結成し歌手デビュー。CDも発売、地元テレビ局に取り上げられた。

10年前。帯広で働こうと地元に戻ると、川上さんの経歴を知った若者らのダンスミュージックグループから突然、「アイヌの歌を歌ってくれ」と誘われた。それまでアイヌ民謡に親しんでこなかっただけに、「簡単に言われても」と戸惑った。ただ、メンバーらの活動を見学して「一緒に歌ってみたい」と思った。

砂川のコンサートで、パーカッションのリズムに合わせて、口を大きく開け歌声を響かせる川上さん

基礎から学ぶ

現代風のリズムに合わせ、電子音でアレンジしたアイヌ民謡を歌っていたある日、母親の豊川さんから「アイヌ民謡の基礎も理解していないのに」と注意された。それから「基本を身に付けなければ」と考え、母親とアイヌ民族の祭事に出るようになった。古老の歌声を収めたCDも聞き、まねる練習を繰り返した。

大人になって浸ったアイヌ民謡の世界。「のどでリズムを取って発声したり、そのリズムが曲の途中で変化したりするなど普通とは全然違って楽しい」。今は札幌で夫と長男と暮らしながら歌声に磨きをかける。友人と組んだバンドでも活動し、若者向けにアレンジした曲を歌う。

さらに川上さんは新たな手法に取り組む。アイヌ伝統のウコウク（輪唱）を1人で再現するため、同じ音を繰り返す電子音響機器を導入した。「伝統音楽だけでは、聞いてくれる人は限られる。格好良く歌うことで、アイヌ音楽の幅を広げたい」。沖縄民謡のように、さまざまにアレンジされて広まり、みんなが口ずさむような未来を思い描く。

川上さんは帯広で過ごした高校時代、アイヌ民族を理由に差別を受けたことがある。「今も差別や偏見はある。それをなくすために歌いたい。歌には世界を変える力があるはずだから」

音楽界
伝統と革新が共存

伝統的なアイヌ音楽の大半は声楽で、手拍子などでリズムをとる。儀式などで披露される座り歌や輪踊りのほか、日常的に口ずさむ子守歌や叙情歌などがあり、リズムに合わせて語るユカㇻ（英雄叙事詩）も音楽に位置づけられる。楽器はムックリ（口琴）やトンコリ（弦楽器）が代表的だ。

伝統音楽の担い手としては、古式舞踊を伝承する各地の保存会が中心で、国の重要無形文化財に計17団体が指定されている。歌の伝承活動を行う北海道アイヌ協会の地区協会や団体もある。座り歌や輪踊りは、釧路市阿寒湖温泉のアイヌコタンや胆振管内白老町のアイヌ民族博物館で鑑賞することができる。

アイヌ音楽をアレンジしたり、現代風に伝えたりするのは1981年に結成したアイヌ詞曲舞踊団「モシリ」（釧路管内弟子屈町）が先駆けとされる。2000年発足でアイヌ音楽をベースにロックを演奏する「アイヌアートプロジェクト」や、トンコリ奏者のToyToy（トイトイ）さんも独自の手法で伝えている。

土産は二風谷の息吹

ゲストハウスを開設する　萱野公裕さん

宿泊施設準備

アイヌの血を受け継ぐ人が多く住み、木彫りの工房や復元したチセ（伝統的家屋）など伝統文化が色濃く残る日高管内平取町二風谷地区。萱野公裕さん（28）は、2018年春にオープンする宿泊施設の建設準備を進めていた。

「個人旅行者らが気軽に泊まって地元の住民と交流できるゲストハウス。それが二風谷にこそ、必要だと思ったんです」

萱野さんは二風谷出身で、平取町の中学校、苫小牧工業高等専門学校を経て、首都圏の機械設計会社に就職。長期休暇のたびに、全国各地を旅行した。

広島市のゲストハウスを訪れた時。オーストラリアから来た旅行者にアイヌの出自を明かすと、「ぜひ二風谷に行ってみたい」と言われた。その後も、欧米からの旅行者らと交流するたび、外国人の先住民族への関心の高さを感じた。「二風谷にもゲストハウスがあればいいのに」との思いが強くなっていった。

11年に正月休みで二風谷に帰省した時、親戚のシカ猟について行った。山を駆け回り、獲物を仕留める。緊迫した空気の中に身を置き、自らのルーツを感じると同時に、この地に伝わる文化を伝えていく大切さを実感した。「二風谷に帰って自分がゲストハウスをやろう」と考えた。

首都圏での仕事を辞めて二風谷に戻ったのは13年。翌年からフィリピンやオーストラリアに語学留学した。「アイヌ文化を伝えることを想定し、先住民族関連の英語をたくさん覚えるように心がけた」。15年夏に帰国してから、旭川のゲストハウスで働き、宿泊施設の運営を学んだ。

ゲストハウスの建築予定地で構想を練る萱野公裕さん。「ここはアイヌ文化であふれている。旅行者のニーズを聞きながら、できる限りのことをしたい」

チセに囲まれ

ゲストハウスは風呂や台所などが共用で割安なのが特徴。宿泊者同士が語り合ったり地域の人と交流したりできるのが魅力だ。近年、外国人の個人旅行者の増加を受け、道内でも増えている。萱野さんのゲストハウスは約100平方メートルの木造平屋で、4部屋に16人まで宿泊可能にする予定だ。建築予算は金融機関からの融資で賄う。「二風谷に今も息づくアイヌ文化を伝えたい。祖父の本や映像資料も置こうと思っています」

その祖父とは、アイヌ文化振興に多大な功績のあるアイヌ民族初の国会議員、故萱野茂さん。アイヌの暮らしぶりや食文化などをテーマにした本や資料を数多く残した。ゲストハウスは、茂さんが私財を投じて開設した二風谷アイヌ資料館の敷地内に建設する。資料館が所有するチセの中で、アイヌ料理を提供することも検討している。

二風谷にゆっくりと滞在してもらい、祖父から教わったアイヌの暮らしぶりや風習を伝えることで、アイヌ文化のすばらしさや奥深さを伝えることができたらと思う。「ゲストハウスは旅行者と二風谷の住民とをつなぐ役割を果たしてくれるはず。二風谷に外からの風を吹き込み、この地が一層豊かな地域になれば」

泊まって、文化に触れて

アイヌ文化に触れることができる宿泊施設としては、伝統料理やアイヌ詞曲舞踊団「モシリ」のライブを楽しめる釧路管内弟子屈町の民宿「丸木舟」や、伝統料理を提供しているオホーツク管内斜里町の民宿「酋長《しゅうちょう》の家」などがある。

ホテル運営道内大手の鶴雅ホールディングス（釧路市）が展開する各ホテルのロビーや廊下にはアイヌの工芸品が飾られており、「あかん遊久の里鶴雅」（釧路市阿寒湖温泉）には壁や備品にアイヌ文様をあしらった客室「レラの館」が28室ある。後志管内赤井川村の「キロロトリビュートポートフォリオホテル北海道」も2016年秋、アイヌ文化をテーマにした改修を行い、客室にアイヌ文様のタペストリーを飾るなどした。

一方で、日高管内平取町二風谷の民宿「チセ」は2017年9月末、経営者が高齢になったことなどから43年の歴史に幕を下ろした。チセは、多くの宿泊者にアイヌ民族の風習などを教えてきた。

ＳＮＳで言葉を復興

アイヌ語のＬＩＮＥスタンプをつくる　ウレシパクラブ

ラインに着目

紙に大きく描かれた愛らしいクマ。首をかしげながら、語りかけてくる。

エエラマン？

目に飛び込んでくる赤い文字。アイヌ語で「分かった？」という意味だ。

これはアイヌ語教室の教材ではない。無料通信アプリ「ＬＩＮＥ（ライン）」のスタンプの図案だ。スタンプは簡単なメッセージの付いたイラストのことで、ＬＩＮＥの会話で使うコミュニケーション手段の一つとして人気を集めている。

取り組むのは、札幌大学でアイヌ文化の担い手を育成するウレシパクラブの企画営業部の6人。同部はアイヌ文化を発信する商品開発などを通じて社会経験を積むことを目指しており、スタンプ作成もその一環だ。

「ケオリパク（＝恐縮です）は結構使えそうだね」「クホプニ　エトランネフミ（＝起きるの嫌だな）は長すぎるんじゃないかなあ」。2017年5月下旬の夜、札幌大構内で開かれた企画営業部の会議で、学生たちが新たなスタンプの内容を語り合っていた。すべての図案の決定後、ＬＩＮＥの運営会社の審査を受け、今秋にもスタンプの提供を始めたい考えだ。

スタンプは商品開発という位置付けだが、6人には共通した目的がある。「若者の大半がＬＩＮＥを使っている。アイヌ語に関心がない友人にも、生きた言葉を伝えることができる」

アイヌ語を使ったLINEスタンプの作成に取り組む札幌大ウレシパクラブのメンバー

消滅の危機

　アイヌ語は国連教育科学文化機関（ユネスコ）が09年に消滅の危機にあると認定した。国内では八丈（東京都）、奄美（鹿児島県）など8言語・方言が消滅の危機にあるが、アイヌ語は5段階評価で最も危機的な「極めて深刻」と位置づけられた。

　危機に陥ったのは、明治期以降の同化政策の影響が大きい。明治政府は1899年（明治32年）に北海道旧土人保護法を制定し、アイヌ民族の子供に日本語教育を強制した。さらに、アイヌ民族への差別が激しくなる中、アイヌの家庭でもアイヌ語を使わず、継承しない傾向が強まった。

　アイヌ語の復興を目指す中、LINEスタンプは小さな試みかもしれない。それでも、考案者の2年生の関口真由来《まゆき》さん（19）は「少しでも多くの人にアイヌ語に興味を持ってもらえれば」と思っている。

一方、千葉大は3年前からアイヌ語を楽しみながら覚えることができるゲームをインターネット上で公開。首都圏のアイヌ民族の協力を得て、カムイ（神）が出すアイヌ語のクイズに回答しながらゴールを目指すすごろくなどを開発した。東京のアイヌ語教室では授業に活用しており、「面白く勉強できる」と好評だ。

開発を主導した千葉大の中川裕教授（アイヌ語研究）は「ゲームなら子供でも自主的にやろうとする。アニメやテレビ番組を通じて親しむ機会を増やし、みんなが自然とアイヌ語を使うような環境になればいい」。目指すのはアイヌ語が特別と思われない社会。アイヌ語も日本の言語なのだから。

弁論大会
若者の参加増

アイヌ語は北海道や東北北部、サハリン（樺太）や千島などで使われてきた。日本語とは文法や音声が異なり、地方によって方言がある。文字を使わず口頭でのみ伝えられてきたが、現在は主にカタカナやローマ字で書かれる。

知里幸恵は大正時代にアイヌ民族として初めてカムイユカㇻ（神謡）を文字で記録し「アイヌ神謡集」を残した。その後もアイヌ語が消滅していくことに危機感を持ったアイヌ民族の研究者らが辞書や会話集を編さんしたほか、古老から聞き取った昔話などを録音テープや文字で残し保存する取り組みを進めた。

現在、アイヌ語の普及を担うアイヌ文化振興・研究推進機構は、初級・上級講座をはじめラジオ講座も行っている。日高管内平取町や胆振管内白老町では、アイヌの有志がアイヌ語教室を開催している。同機構が毎年開くアイヌ語弁論大会「イタカンロー」には、各地でアイヌ語を学ぶ若者らの参加が増え続けている。

文化の伝導　お笑いで

アイヌのお笑いコンビ、ペナンペパナンペ

理解広げたい

アイヌ　カムイ（神）よ。もう腹が減って飢え死にしそうだ。柳の葉をシシャモに変えてくれよ

カムイ　はい、これ柳の葉。このドレッシングで食べてね

アイヌ　食えるかーい

　2017年5月上旬、札幌市中央区のケーブルテレビのスタジオ。アイヌのお笑いコンビ「ペナンペパナンペ」の川上竜也さん（41）と、川上将史さん（34）がコントの収録に臨んでいた。この日のネタは、アイヌ民族のユカラ（英雄叙事詩）の一節。コタン（集落）が飢饉《ききん》となり、カムイが川に柳の葉を落とすと、葉がシシャモに変わってコタンを救うという話が基になっている。

　同じ名字だが、兄弟ではない。2人はアイヌ民族関係の団体の職員で、2年前の音楽イベントでコントに初挑戦。これまで10回以上、舞台を重ねた。ネタは民話を基にしたもののほか、食文化や儀礼などを題材にしている。関係者から「斬新で面白い」などと好評だ。

　きっかけは「アイヌ文化をもっと理解してほしい」（竜也さん）と思ったから。2人とも仕事柄、アイヌ民族への質問を受けることが多いが、内容は「アイヌって本当にいるの」「昔ながらのコタンはどこにあるのか」など無理解なものばかり。2人は「アイヌのことを知らない人は本当に多い」と日々感じていた。

　一方で、文化や歴史について教科書的に教えても、それまで興味がなかった人には理解してもらいにくい。「まずはアイヌ文化のファンになってもらわなければ」（竜也さん）と考え、思いついたのがコントだった。

　アイヌには和人とは異なる民話や風習が多い。2人は

こうした文化をお笑いに転換して「かみ砕いて理解してもらうようにしている」（将史さん）。お笑いだから言葉が過激になったり際どい表現をしたりすることもあるが、アイヌへの偏見を助長する内容とならないように気をつけている。

将史さんは「以前なら伝統文化をお笑いのネタにすることは批判されただろう。でも今は、アイヌの側も柔軟な考え方の人が増えている」。竜也さんは「アイヌ文化をネタにする人たちを集めたお笑いライブをやりたい」と意欲的だ。

新コンビ誕生

2人の思いに呼応するように16年、24歳の2人がコンビを組んだ。胆振管内白老町のアイヌ民族博物館職員の竹内隼人さんと札幌の会社員の茂木涼真さん。翌年4月に知人の結婚式で、伝統舞踊を題材にしたネタを披露。7月にはアイヌ文化のイベントに出演した。

茂木さんにも「伝統文化をネタにすると怒られるんじゃないか」という不安があったが、周囲のアイヌの人たちは応援してくれている。竹内さんは「アイヌ文化に

ケーブルテレビの収録で軽快なトークを交わすペナンペパナンペの川上竜也さん（手前）と川上将史さん。2人とも日高管内平取町出身で「地元のイベントにも出たい」

は難しいイメージがあるかもしれないが、お笑いなら気楽に接することができる。一人でも多くの人に親近感を持ってもらえれば」と語る。

民話、風習……各地で保存

アイヌ民話で語り継がれているものとしては、ユカㇻ（英雄叙事詩）やカムイユカㇻ（神謡）、ウエペケㇾ（昔話）などが挙げられる。アイヌ語の研究者らは古老たちの音声データを記録しており、CDや書籍は各地の図書館などで貸し出されている。札幌市アイヌ文化交流センター（札幌市南区）では、デジタル版の紙芝居で民話を楽しめる。

アイヌ民族の風習は、江戸時代以前は和人と大きく異なっていた。しかし、明治以降、北海道に大量の移住者が住み着く中で、土地や漁場・猟場が奪われたほか、強制移住などでチセ（アイヌの伝統的家屋）も急激に減った。明治政府の同化政策で、禁止された風習や習慣もあり、伝統的な暮らしは徐々に薄れていった。

旭川市の川村カ子ト《かねと》アイヌ記念館ではかつてのアイヌの風習が詳しく紹介されている。また、アイヌ文化振興・研究推進機構は伝統的な生活空間を再現するイオル再生事業に取り組んでおり、胆振管内白老町や日高管内平取町でチセの建設やアイヌが採取していた山菜の育成などを行っている。

［番外編］

広がるアイヌデザイン

アイヌ民族の伝統を受け継ぐデザインが道内外に広がりつつある。デパートの紙袋やホテルのマスコットに採用されたほか、東京のカフェの内装などにも取り入れられている。こうした試みに賛同し協力するアイヌ民族の思いを紹介する。

持ち歩ける「伝統」

――丸井今井の紙袋を監修・**津田命子**さん（服飾文様研究家）

丸井今井札幌本店は2017年5月からアイヌ文様をデザインした紙袋に切り替えた。監修したのはアイヌ服飾文様研究家の津田命子《のぶこ》さん（71）＝札幌市＝で、「デザイナーの原案から離れすぎないようにしつつ、アイヌ文様らしさを出した」という。利用客に好評で「私にできるか不安だったが、挑戦して良かった」。

津田さんは胆振管内むかわ町出身。子供の時に差別を受けた経験からアイヌの血を受け継ぐことを明かしていなかったが、40歳になったとき、高校生の息子と娘に「私はこれからアイヌとして生きていきたい」と伝えた。津田さんは子供の頃、親戚の家で見た民具のアイヌ文様にひかれ、「アイヌ文化に浸りたい」との思いを抱き続けてきた。

道内各地を回って古老から民族衣装の作り方などを学び、50歳で学芸員の資格を取得。博物館に所蔵されているアイヌの古い衣装やその資料を、国内はもちろん欧米まで調べ、自らの手で実際に再現する研究に本格的に取り組み始めた。

58歳のとき放送大学大学院で修士号、68歳のとき総合研究大学院大学で博士号を取得。アイヌ文様は東北アジアの諸民族から伝わったとする説があるが、津田さんの博士論文では加工しやすい木綿の流入とアイヌ民族の女性たちの創作意欲が文様を形作ったと指摘した。その後もロシアの博物館が18世紀中頃から所蔵し

18世紀の資料を基に再現したルウンペを手に、丸井今井の紙袋の文様について語る津田さん

ているルウンペ（細長い布でかたどった文様を手縫いした木綿衣）の再現などに取り組んでいる。

17年1月上旬、丸井側から紙袋の監修依頼があり、デザイン原案をつくったアートディレクター戸田正寿さん（69）＝東京＝が津田さんの家を訪問。原案を示されると、津田さんは遠慮がちに「アイヌ文様らしくするために変えてもいいですか」と提案した。

津田さんの指摘は主に2点。アイヌ文様は通常一筆書きのように連なっているが、ハートのような形をした文様同士が離れて配置されていた。また、文様の先端のとがった部分がほかの文様に刺さるように配置されていた。いずれも伝統的な作品にはない形だった。

津田さんは、デザイン原案の構造を崩さずにこの2点を修正し、文様を刺しゅうして、3月中旬にデザインを完成させた。戸田さんは「津田さんの監修によってアイヌ民族の心を入れることができた。本当に良かった」と話す。

創業145年の丸井今井の歩みは、北海道開拓の歴史と重なる。アイヌ民族には明治期以降の同化政策など苦難の時代だったが、津田さんは「アイヌ文様が日本社会に取り入れられ、美しさを発揮できればいい」と感じている。一方で「古い民族衣装は私にとって『教科書』。すばらしい技術と価値観がそこには反映されていて、さまざまなことを教えてくれる。衣装そしてアイヌ文様を残してくれた先祖に心から感謝したい」と笑顔で話した。

クマの着物「今っぽく」

——ホテル日航のぬいぐるみ衣装デザイン・札幌アイヌ協会

札幌アイヌ協会の多原良子副会長らは今春、JRタワーホテル日航札幌（札幌市中央区）が販売するクマのぬいぐるみの民族衣装をデザインした。多原さんは「アイヌ文様を目立たせて、今っぽく仕上げることができた」と話す。

同ホテルは2003年の開業以来、マスコットのクマ「シエル」のぬいぐるみを販売している。毎年衣装を替えており、17年は「北海道らしさを表現するため、アイヌ文化を取り入れたい」と考え、過去のイベントで一緒に取り組んだことがある多原さんらにデザインを依頼した。

多原さんらは「アイヌ文化の発信につながる」と快諾。クマが着るチヂリ（木綿に直接刺しゅうした着物）の丈は約8センチ、マタンプㇱ（鉢巻き）の幅は約2センチと普段作っているものよりかなり小さいため、当初は「どうすればバランスが良く見えるか」と悩んだ。

札幌アイヌ協会の会員に、子供用のチヂリを制作したことがある人がいて、それを基に半年がかりで完成させた。文様はアイウㇱ（とげのある曲線）とモレウ（渦巻き模様）で構成されたシンプルなデザインで、チヂリとマタンプㇱにプリントされている。

多原さんは「アイヌ文様がさまざまなことに活用され、アイヌ文化の可能性が広がる感じがした。これからもいろいろとチャレンジしたい」と語る。ぬいぐるみは1体1620円で、同ホテルや札幌市南区小金湯のサッポロピㇼカコタンで販売している。

アイヌ文様の着物と鉢巻きをまとった「シエル」＝JRタワーホテル日航札幌

店内彩るタペストリー——首都圏のカフェに提供・川村則子さん（布アーティスト）

小樽市の布アーティスト川村則子さんは、東京と千葉で展開するカフェ「ｃｏｍｍｏｎ ｃａｆｅ（コモンカフェ）」に、アイヌ民族の精神などをイメージしたタペストリーの画像を無償提供した。「より多くの人に見てもらうことは物作りとしての喜び」と語る。

カフェを経営するラムラ（東京）の村川明社長はオホーツク管内湧別町出身で、道委嘱の北海道観光大使も務める。２０１５年９月に、１号店の東京・新宿歌舞伎町店を始める前から「アイヌ民族の深い精神性を少しでも首都圏で伝えたい」とアイヌ文化の活用を模索していた。

ラムラから問い合わせを受けたアイヌ文化振興・研究推進機構は、川村さんを紹介。川村さんの作品は、絵画のような構成をしているのが特徴で、幅３メートル以上に及ぶ大型のタペストリーが多い。新宿歌舞伎町店では、タペストリーを幅50センチ～１メートル余りに縮小した画像９点を壁に飾った。

中には１９９９年に米スミソニアン自然史博物館に出展した「Ｓｐｉｒｉｔ ｏｆ ｔｈｅ Ａｉｎｕ」の画像もある。藍染めや着物の生地などさまざまな布を縫い合わせており、「心からわき出てきたアイヌの魂を爆発させた作品。30年余りの活動の中で最も思い入れが深い作品の一つ」と語る。

また、カフェのロゴマークにもマタンプシをつけた女性の横顔を使用。同社の社員がインターネットなどで調べて作成したものを、アイヌ文化振興・研究推進機構の阿部範幸事務局次長が監修した。千葉駅前店でも同様の取り組みを行っており、阿部次長は「アイヌ文化に対する理解が深まってほしい」と話す。

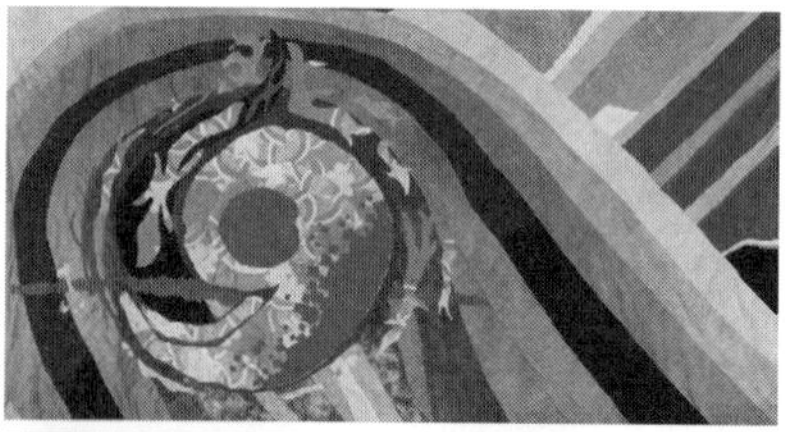

（上）川村則子さんの代表作「Spirit of the Ainu」
（下）マタンプシをつけた女性がロゴマークの「common cafe」

語学教室や文化指導者育成

振興法　2017年で制定20年

1997年7月1日に施行されたアイヌ文化振興法は、2017年で制定から20年を迎えた。同法で指定法人に定められた公益財団法人「アイヌ文化振興・研究推進機構」（札幌）は、アイヌ語や工芸を広めるなど幅広い活動を行ってきた。

同法は文化振興と伝統の普及・啓発により「アイヌの民族としての誇りが尊重される社会の実現」と「わが国の多様な文化の発展に寄与すること」が目的。法律で定める「アイヌ文化」とは、アイヌ語や継承してきた音楽、舞踊、工芸などを指す。

道や北海道ウタリ協会（現北海道アイヌ協会）などが88年に新法制定を国に要請し、内閣官房長官の私的懇談会「ウタリ対策のあり方に関する有識者懇談会」が検討。懇談会は96年に報告書を提出し、それを踏まえて立法化された。

アイヌ文化振興・研究推進機構が16年度までに実施した事業と財団の活動に関わった費用は計125億1300万円。主な事業に、親と子のアイヌ語学習や木彫り・刺しゅうなどの指導者育成、青少年国際文化交流研修、小学生向け副読本の作製などがある。

20年の「民族共生象徴空間」開設に伴い、2018年4月に一般財団法人「アイヌ民族博物館」（胆振管内白老町）と合併した。

心に触れる「もてなし」を

国や道などキャンペーン

国や道などは13年度からアイヌ文化に興味や関心を持ってもらおうと、「イランカラプテキャンペーン」に取り組んでいる。政府のアイヌ政策推進会議の提案を受け、キャンペーンの推進協議会を発足。15年度までの3年間を重点期間としたが、さらなるアイヌ文化の発信が必要として現在も続けている。

賛同する企業はサポーターとなり、キャンペーンのホームページから各社のホームページにリンクを張ることができる。サポーターは2017年5月1日現在で135団体113人おり、キャンペーンのロゴマークを商品に使用したり、大手スーパーが店内でアイヌ文化教室を開催したりしている。

イランカラプテはアイヌ語で「こんにちは」を意味し、アイヌ語辞典を編纂《へんさん》した故萱野茂さんによると、この言葉には「あなたの心にそっと触れさせて」という意味が込められているという。推進協議会は、北海道のおもてなしの言葉にすることを目指している。

アイヌ民族博物館・野本正博館長に聞く

文化伝える多様性　大事に

アイヌの若い人たちは伝統的なアイヌ文化を大切にしながらも、自分らしい形で発信する人たちが増えています。こういう挑戦はどんどんすべきです。

私は、アイヌ文化は博物館や観光施設にだけ収まるものではなく、社会の中に存在すべきものだと思っています。時代は前進しています。私たちは伝統を理解した上で、現代に置き換えたらどうなるかを考え、文化の創造に積極的に取り組むべきだと考えます。

「文化に良いとか、悪いとかはない。自由に発信すべきだ」と語る野本館長

そういう意味で、アイヌと企業や団体が連携する試みは、より多くの人たちにアイヌ文化を発信する上で重要です。アイヌ民族博物館(胆振管内白老町)は「ルイカプロジェクト」を3年前から始めました。ルイカはアイヌ語で「橋」の意味で、地域や人とアイヌ文化をつなぐ試みです。アイヌの伝統の酒を商品化したほか、居酒屋のメニューづくりやアイヌ文様を取り入れた店舗のデザインなどにも協力してきました。

アイヌ文様は海外での認知度も高く、商品などに使いたい企業や団体も多いと思います。単なる模写ではなく、企画の段階でアイヌの協力を得ながら事業を進めていくことで、より洗練された商品を開発することができるはずです。なぜなら文化は多様なコミュニケーションから生まれるからです。また、アイヌ文様やアイヌ語などが誤った意味で使われないようにすることにもつながります。

現代は、それぞれのライフスタイルがあり、文化に対する心地よさも一人一人異なります。全ての人を満足させることはできません。幅広い人々に理解してもらうには発信する側も幅を広げ、それぞれが自分らしくアイヌ文化を伝える多様性はあった方がいいのです。

私は観光地の博物館で働くアイヌですが、そこから発信するアイヌ文化は常にしなやかでありたいと思っています。

のもと・まさひろ
1963年、胆振管内白老町生まれ。北海道日大高（現・北海道栄高）卒。85年からアイヌ民族博物館職員となり、2012年から現職。

第3部 アイヌ新法を見つめる

政府の検討が本格化しているアイヌ新法。
その深層を探る。

「支援策」政治が翻弄

鳴り潜めた政府発信

蒸し暑い日が続いていた2017年7月13日の午後、札幌市中央区のビル内にある北海道アイヌ協会の理事長室。内閣官房アイヌ総合政策室の担当者は、協会幹部にA4判の紙2枚を手渡した。

文書名は「政策再構築の検討方針について」。紙の左上隅には政府内で2番目に高い機密レベルを示す「機密性2情報」の文字。協会幹部は、その中の一文に目が留まった。法的措置が可能なものと、事実上対応すべきものに峻別《しゅんべつ》――。

法的措置とは、政府が検討するアイヌ民族に関する新法のこと。協会幹部が意味を問うと、担当者は「アイヌ民族を先住民族と位置づける法律にする。ただ、教育や年金、生活保障など細かい支援は予算措置で対応し、新法に盛り込むことはできない」と答えた。

新法に支援策を盛り込むはずではなかったのか――。

協会幹部の脳裏に、昨年春の光景がよみがえった。

16年3月28日。北海道アイヌ協会幹部は、菅義偉官房長官の議員事務所を訪れ、新法制定を要望した。菅氏は直後の記者会見で「生活向上対策や幼児期の教育問題、貧困問題も含め幅広くアイヌ政策に取り組むことは必要。法的措置の必要性を総合的に検討したい」と明言し、支援策に取り組む姿勢を強調した。

政府は同年5月にアイヌ政策推進会議で新法の検討方針を決め、7月には関係省庁連絡会議が発足した。そこでは、幼児教育の充実や生活の安定向上など6項目を軸に検討することになった。

明治政府による同化政策によって暮らしの糧を奪われ、その後の世代も困窮が続いたアイヌ民族。北海道アイヌ協会にとって生活・教育支援を法律で担保することは30年以上前からの悲願だ。だが、同年8月以降、政府が新法の検討状況に関し積極的に情報発信することはなくなった。何があったのか。

1669年（寛文9年）6月に起きた松前藩に対する民族の一斉蜂起、シャクシャインの戦い。その中心となったシャクシャインの像が日高管内新ひだか町の真歌公園に立つ。当時の権力にあらがった民族の英雄は、現状をどう思うのか　※像は所有する新ひだか町が 2018 年9月に老朽化で倒壊の恐れがあるとして撤去した

「支援策」政治が翻弄

北海道アイヌ協会幹部が菅官房長官に新法の制定を要望した際、加藤忠理事長、阿部一司副理事長ら協会幹部とともに、新党大地の鈴木宗男代表も同席していた。

加藤理事長「教育の充実はもとより、古老への生活支援や若者の就職支援などに、法律を制定して取り組んでほしい」

鈴木代表「これらは極めて大事なことです」

菅官房長官「教育、生活、仕事だな」

菅氏は何度もうなずきながらメモを書き留めた。直後の記者会見での発言とともに、菅氏の対応について政府関係者は「ずいぶんと踏み込んだな」と感じた。

当時の政界は、この要望の2週間後に告示が迫った衆院道5区（札幌市厚別区、石狩管内）補選に向け緊張感が高まっていた。与野党候補による一騎打ちの構図で、野党各党の共闘による支持拡大に危機感を強めた自民党は、道5区に3万票あるとされる新党大地の鈴木代表と接近し自民党候補への支援を取り付けた。

大地にとってアイヌ民族の権利確立は党是。政府側のアイヌ政策への前向きな発言について、自民党道連幹部は「首相官邸は、選挙に向けて何としても大地票を取り込みたかった」とみる。衆院道5区補選は、自民党公認で大地が推薦する候補が当選した。

落選で減速？

続いて2016年7月の参院選北海道選挙区（定数3）も自民党と民進党（当時）がともに2議席獲得を目指す激戦に。自民党は大地との協力を継続したが、大地が推薦した自民党候補は落選。民進党候補に2議席を譲った。複数の自民党関係者は「新党大地の力はそれほどでもなかった」と振り返った。

それ以降、政府内のアイヌ新法を巡る論議は急速にしぼむ。新法を検討する関係省庁連絡会議は2016年7月以降、一度も開かれていない。アイヌ政策推進会議の作業部会も、同月に生活支援策を議論して以降は、主な議題に上っていない。

17年5月下旬には、内閣官房アイヌ総合政策室の小山寛参事官がアイヌ協会の総会で、新法は理念や方針を定める基本法を想定しているため、「（生活・教育支援を）位置づけることは非常に難しい側面がある」と発言した。

協会内部には「生活・教育支援を盛り込む新法への積極姿勢は、選挙向けのアピールだったのか。われわれは翻弄《ほんろう》されたのか」という思いがくすぶる。

協会募る不信

政府がアイヌ民族を先住民族と認めたのは2008年。これを受け発足した有識者懇談会は報告書で、生活・教育支援の必要性に触れ「立法措置がアイヌ政策推進に大きな意義を有する」と言及した。その後、新法制定の議論は棚上げされてきただけに、協会幹部は「今回見送られたら、支援策の明記は永久に無理だろう」と危機感を募らせる。

17年5月下旬のアイヌ協会の総会後、懇親会も開かれた。複数の協会関係者によると、その席で、内閣官房アイヌ総合政策室の担当者は「現在アイヌ民族に対し、道の生活向上施策として（国の補助も含め）約10億円出ているが、基本法ができれば、100億円だって出せる」と発言した。

協会側の出席者で、この「口約束」を本気にした人はいなかった。生活・教育支援を明記せず「骨抜き」の新法になることについて、甘言を弄《ろう》して丸め込もうとして

同化政策が要因 続く貧困の連鎖

明治期以降、道外から大勢の和人が移住する中、当時の政府による土地の官有化や狩猟・漁労の禁止によって、アイヌ民族は生活の糧を奪われ、困窮した生活を強いられた。1899年(明治32年)の北海道旧土人保護法の制定などで、農地に向かない土地で慣れない農業に従事させられたり、アイヌ語を禁じた土人学校で日本語や和人風の生活習慣を強制されたりした。

その後もアイヌ民族への差別によって学校や職場などの社会生活に支障が生じる例もあり、貧困の連鎖は現代まで続いている。道が2013年、道内66市町村を対象にした調査では、アイヌ民族の大学進学率は25.8%で、平均より17.2ポイント低かった。アイヌ民族の生活保護率（人口千人当たりの受給者数）は44.8で、平均に比べて4割高かった。

いるのではないか、との不信感も広がった。

ある協会幹部は「100億円をちらつかせて納得させようとしているのか。新法に支援策を明記するのが難しいのは理解するが、そもそも期待感を高めさせたのは政府側ではないか」と困惑を深める。

内閣官房の担当者は取材に、100億円発言を否定している。

悲願 先送りされ続け

6人次々退会

「長い間、本当にお世話になったけど、北海道アイヌ協会の活動は先が見えないんで…」

帯広アイヌ協会の70代の会員は2017年5月下旬、会長の笹村二朗さん(83)に退会を申し出た。同協会の会員数は5月下旬の時点で62人いたが、6月にかけて1割にあたる6人が退会した。6人とも数十年来の会員だった。同じ時期に退会者が増えた地方のアイヌ協会は少なくない。

笹村さんには思い当たる理由がある。5月下旬の北海道アイヌ協会の総会で、内閣官房アイヌ総合政策室の担当者が、政府が検討する新法には生活・教育支援を盛り込むのは難しいとの認識を示したことだ。笹村さんは「退会した6人とも、支援策を盛り込む新法に期待していた。前へ進まない現状に、会員になっていても意味がないと感じたのだろう」と嘆いた。

帯広アイヌ協会の会費は年額7200円(金額は各地の協会で異なる)。アイヌ民族の権利回復を願い、協会の運動を支えてきた会員たちに、失望感が広がっている。

生活・教育支援を盛り込む新法制定は、前身の北海道ウタリ協会時代から最重要の活動方針だ。1984年の

札幌市アイヌ文化交流センターのチセ（家）の窓から見たヌササン（祭壇）。風雨にさらされ、祭具のイナウ（木幣）が倒れかかっていた

総会では、アイヌ民族の生活基盤確立を目的に自立化基金創設を盛り込む「アイヌ民族に関する法律案」を独自に決議した。しかし、97年に制定されたアイヌ文化振興法に支援策は盛り込まれなかった。

文化振興法が国会で成立した97年5月8日、当時北海道ウタリ協会理事長だった笹村さんは首相官邸にいた。同法成立への謝意を伝えるため、協会幹部と、当時の橋本龍太郎首相、梶山静六官房長官のもとを訪れたのだ。

頭下げた首相

橋本首相とは2時間近く話し合えた。梶山氏は「幕末から明治以降にかけて収奪などの圧制や同化政策が行われ、アイヌの人々につらい苦しみを与えたことを申し訳なく思う」と陳謝。橋本首相も「アイヌの先住性は北海道に限っては間違いなく歴史的事実であり、否定してきた方がおかしい」と言い、テーブルに両手をついて深々と頭を下げた。

さらに、文化振興法が文化面に特化し、支援策が見送られた点について、2人とも不十分との認識を示した。梶山氏は「同法は第一歩。第2、第3のステップへと上げていかないといけない」。橋本首相も「文化振興法は十分ではなかった。これからも（生活・教育支援の立法化は）やらなくてはいけない。当たり前のことだ」と語った。

それからの20年。国連は２００７年に「先住民族の権利に関する国連宣言」を採択し、政府は08年にアイヌ民族を先住民族と認定。それを受けた有識者懇談会は、生活・教育支援の立法措置の必要性に言及した。そして、明治以降の政府によるアイヌ民族への権利収奪や同化政策の歴史を知った政治家たちは、総じて支援策が必要と言及した。

それでも政府は、アイヌ民族の定義や憲法上の問題、国民に理解が広がらない現状、財政支出の拡大などを理由にして、支援策を盛り込む新法制定には消極的だ。この間、政権は何度も代わったが、この問題への姿勢はかたくなに変わらない。「私たちはいつまで待てばいいのだろうか。情けない限りだ」。笹村さんはため息をつく。

北海道アイヌ協会の会員数は、文化振興法が成立し、生活・教育支援策への期待が高まった99年がピークで４７４９人。２０１７年４月時点で、約半分の２２９６人に減少した。

アイヌ民族に関する法律を巡る動き

1946年	北海道アイヌ協会設立
61年	北海道ウタリ協会に改称
72年	道が生活実態調査を初めて行う
74年	道が第1次ウタリ福祉対策を始める
82年	協会総会で北海道旧土人保護法の廃止と新法制定を決議
84年	協会総会でアイヌ民族に関する法律案を決議
88年	道知事の私的諮問機関「ウタリ問題懇話会」がアイヌ民族に関する新しい立法措置の必要性を報告
	道、道議会、協会の3者がアイヌ民族に関する法律の制定を国に要望
95年	政府が「ウタリ対策のあり方に関する有識者懇談会」を設置
96年	有識者懇談会が報告書を答申
97年	札幌地裁が二風谷ダム判決でアイヌ民族を先住民族と認定
	アイヌ文化振興法制定、北海道旧土人保護法は廃止
2007年	国連総会で「先住民族の権利に関する国連宣言」を採択
08年	衆参両院で「アイヌ民族を先住民族とすることを求める決議」を全会一致で可決。町村信孝官房長官がアイヌ民族を先住民族と認める談話を発表
	政府が「アイヌ政策のあり方に関する有識者懇談会」を設置
09年	北海道アイヌ協会に改称
	有識者懇の報告書を受け、政府は「アイヌ政策推進会議」を設置
14年	政府が「象徴空間の整備に関する基本方針」を閣議決定
16年	政府がアイヌ民族の生活・教育支援を目的とした新法の検討に着手

過去から逃げないで

諸外国は謝罪

「私たちアイヌ民族が受けてきたのは、まさに植民地支配だ。ぜひともその歴史を見つめてほしい」。

２０１７年7月20日夜、札幌市の中央区民センターで開かれた市主催の市民講座。札幌アイヌ協会会長の阿部一司さん（70）が語りだすと、会場の空気が引き締まった。

「アイヌ民族は、江戸期に松前藩の圧政で漁労に酷使されたり、妻が奪われたりした」「明治期に和人が大量に押し寄せ、土地が官有化され、サケ漁やシカ猟も禁じられた」「アイヌ語を禁じた土人学校で、日本語や和人風の生活習慣を強いられた」

そして阿部さんは「ほとんどの国民は、こうした歴史を知らないだろう。政府自身が見て見ぬふりをしているからだ」と強調した。

政府が検討しているアイヌ民族に関する新法。阿部さんは、生活・教育支援が盛り込まれない問題に加え、新法制定の前提として決定的に足りないことがあると思っている。それは、政府によるアイヌ民族への謝罪だ。阿部さんは講座で「諸外国が先住民族に何をしているのかを知ってほしい」と力を込めた。

先住民族政策に取り組んでいる各国の大使館や専門家によると、多くの国は過去に先住民族に対して行った権利侵害や同化政策について謝罪を行っている。

米上下両院は１９９３年、ハワイ王国の崩壊に米政府と市民が関与したとして、ハワイの先住民族への謝罪を決議した。ニュージーランド、ノルウェー、スウェーデン、カナダでも政府や国王が先住民族に対する謝罪を相次いで表明した。

オーストラリアでは70年代まで、同化政策の一環として先住民族アボリジニの子供10万人を施設や白人家庭に強制隔離した。ケビン・ラッド首相は２００８年の連邦議会の演説で「おわびします」という言葉を繰り返した上で、「歴史の不正義を正すため、私たちの中の人間ら

JR札幌駅構内の西改札口そばに立つエカシ（長老）像。鋭い眼光はアイヌ民族への理解が深まらない社会を見透かしているようだ

しさが一歩踏み出すことを求めている」と強調。保健や幼児教育などの分野で、10年間で約95億ドルの補償を進める。

２０１６年8月には台湾の蔡英文総統が「過去４００年の台湾の政権は土地の略奪などで先住民族の権利を侵害してきた」として謝罪。17年5月には先住民族言語推進法が成立し、語学教員の養成などを進める。

これらの背景には85年から「先住民族の権利に関する国連宣言」（07年に採択）の起草作業が始まり、国際的に先住民族の権利回復への機運が高まったことがある。国際法に詳しい丸山博・室蘭工業大学名誉教授は「各国は過去の真実と向き合って『国家の正義』を確立しようとしている。それが国民の信頼を得ることになるからだ」と指摘する。

「共生」の前に

日本政府はこれまで、アイヌ民族に対して公式に謝罪していない。政府の歴史認識としては「近代化の過程で法的には等しく国民でありながら、アイヌ民族が差別され、貧窮を余儀なくされたという歴史的事実を厳粛に受け止める」（08年の官房長官談話）という見解を示しただけだ。

新法を巡る検討過程でもアイヌ民族への謝罪は論議の俎上《そじょう》に上っていない。ある政府関係者は「謝罪には補償がつきものだが、将来にわたるアイヌ民族への補償は財政上難しい側面がある」と説明する。

各国の先住民族政策に詳しい元東京経済大学専任講師の寺地五一さん（73）＝東京在住＝は、20年に政府が開設する「民族共生象徴空間」（胆振管内白老町）に「共生」という言葉を使うことを疑問視する。「あらゆるものを奪っておきながら、いきなり『共生』というのは都合が良すぎる。『共生』の前に、当事者が納得するような謝罪と補償が必要だ」

各国・地域の先住民族に対する公式謝罪

台湾 2016年８月	蔡英文総統が総統府に先住民族の代表約70人を招き、過去400年の差別的な行為を謝罪
カナダ 08年６月	ハーパー首相が下院の演説で、寄宿舎学校に入学した先住民族が苛酷な同化政策の犠牲となったとして謝罪
オーストラリア 08年２月	ラッド首相が連邦議会で、強制隔離された先住民族アボリジニに謝罪
スウェーデン 1998年８月	サーミ担当相が演説で、植民地化に伴い、サーミが土地を失い、サーミ語が衰退したことに対して謝罪
ノルウェー 97年10月	ハーラル国王が先住民族サーミの議会で、サーミに対して同化政策を行ったことに謝罪
ニュージーランド 95年～	先住民族マオリとの和解協定交渉担当相らが、タイヌイ族をはじめ各部族ごとに和解協定に基づいた謝罪をしている
米国 93年１月～	上下両院がハワイ王国の崩壊に米政府と市民が関与したとして、ハワイの先住民族への謝罪を決議
	09年10月には、上院がインディアンに対して誤った政策を課したことへの謝罪を決議

※各国の大使館や専門家への取材による

生活、教育 縮む支え

給付申請却下

「残念ながら申請は認められません。所得が基準を超えていたためです」。道央に住むアイヌ民族の血を引く50代男性は2016年夏、道職員からそう告げられた。

　男性には5人の子供がいて、同年春に高校に入学した末っ子の学費として、アイヌ民族を対象にした入学支度金（最大で1人2万3760円）の給付を申請した。数年前、上の子供の高校入学時には受給しており、自身の所得はほとんど変わっていないが、今回は認められなかった。

　その理由は、男性の場合、入学支度金を受給できる年間所得（日本学生支援機構の基準を準用）の上限額が、2010年度まで307万円だったが、11年度以降は221万円になったからだ。「アイヌ民族への就学支援は、使いにくくなってきた」。男性は肩を落とした。

　道はアイヌ民族への支援を目的として、1961年度から国の半額補助を受けアイヌ関連予算を計上している。高校や大学への進学奨励費、農林漁業対策費、生活館整備事業費、職業訓練受講奨励費、北海道アイヌ協会補助費などの項目がある。2000年度の関連予算は26億4700万円に上った。

　その後は予算規模が年々縮小し、本年度はピーク時の4割に満たない10億5300万円。道アイヌ政策推進室によると、北海道アイヌ協会の会員数がこの20年で半減したことや、アイヌ関連予算の不適切な会計処理が発覚したことなどを受け、11年度から就学支援制度の基準を厳格化したことがある。アイヌ民族の生活相談員の一人は「道が財政難であることも影響しているのだろう。アイヌ民族への支援が徐々に打ち切られようとしている」と感じている。

格差解消遠く

道のアイヌ民族に対する生活向上施策は、教育や就職への支援策を講じることで、アイヌ民族全体の社会的地位の向上を図り、民族としての誇りが尊重される社会の実現が目的だ。支援制度が始まって11年後にあたる1972年に行った道の生活実態調査では、アイヌ民族の生活保護率は平均の6・6倍で、生活に困窮する世帯も目立ったという。最新の2017年の道調査では生活保護率が平均の1・4倍に改善したものの、大学進学率などは低く、なお格差は残っている。

道がアイヌ民族や有識者の提言を踏まえ、15年7月に策定した「アイヌの人たちの生活向上に関する推進方策」では、「修学資金や入学支度金、教育機会の確保などの

日高管内平取町二風谷に復元されたチセ（家）のそばで、催事に使われたチプ（丸木舟）が朽ち果てていた。小さな花がそよ風に揺れていた

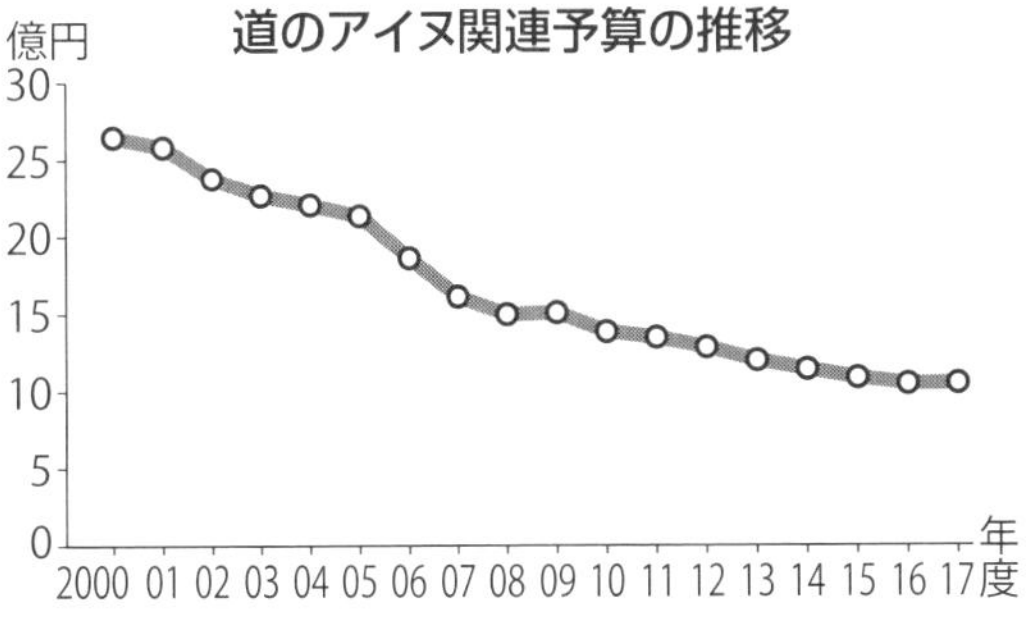

充実が図られるように努める」と明記した。ただ、その後も関連予算は減っている。支援策の必要性は認識しながらも、制度は使いにくくなり、規模が縮小しているのが現実だ。

北海道アイヌ協会内部には「国や道の予算の支出に法的な根拠がないから、その時々の政治家や役所の都合で削減されているのではないか」との思いが募る。同協会の菊地修二理事は「政府が検討しているアイヌ民族に関する新法には、生活・教育支援を明記し、安定的に支援ができる仕組みを構築しなければいけない」と訴える。

新法を巡り政府は17年5月下旬、生活・教育支援を盛り込むのは難しいとの方針を北海道アイヌ協会側に伝えている。こうした情勢に、道内選出の国会議員の中には「新法の付帯決議に生活・教育支援を盛り込めばいい」との案も浮上する。

しかし、20年前。97年に制定されたアイヌ文化振興法の付帯決議にも、こう書かれていた。

「北海道ウタリ福祉対策（現在のアイヌ民族の生活向上施策）に対する支援の充実に、今後とも一層努めること」

いつか来た道を、もう一度歩もうとしているのか。

進まぬ国民理解が壁

実質的な平等

2017年7月4日。国会内で、超党派の国会議員による「アイヌ政策を推進する議員の会」（今津寛会長、45人）の定例会合が開かれた。出席議員は11人。内閣官房アイヌ総合政策室の幹部が、20年に開設する「民族共生象徴空間」や、検討中のアイヌ民族に関する新法について報告した。

約1時間の議論は象徴空間が中心で、新法に関する質疑はなかった。会議後、ある議員に新法について聞くと「生活・教育支援を盛り込むことは大事だが、難しい。内閣官房からも『北海道アイヌ協会の要求通りにはならない』と言われた」と険しい表情で語った。

内閣官房アイヌ総合政策室は議員らに、新法制定には「さまざまなハードルがある」と説明している。その一つが、アイヌ民族という特定集団の権利を特別に保障することが、憲法14条の「法の下の平等」に抵触するという理由だ。内閣官房の担当者は「アイヌ民族だけを優遇すると受け止められれば、（法案提出時に憲法との整合性をチェックする）内閣法制局を納得させる自信がない」という。

しかし、政府は1989年の時点で一定の方針を示している。当時の参院議員が出した「アイヌ民族を有利に処遇することが憲法上許容されるか」との質問主意書に対し、政府答弁書では「事柄の性質に即応した合理的な理由があれば、国民の一部について異なる取り扱いをすることも憲法上許されるものと解している」と回答した。

政府のアイヌ政策のあり方に関する有識者懇談会の報告書（09年）にも「アイヌ民族は先住民族であることから、特別の政策を導き出すことが『事柄の性質に即応した合理的な理由』に当たることは多言を要しない」と明記された。

憲法14条がうたう「平等」は、社会的・経済的弱者に対してより厚く保護し、他の国民と同等の自由や生存を

白老町虎杖浜のアヨロ海岸にある洞穴「アフンルパロ」。アイヌ語で「あの世への入り口」という意味。夜に訪れると上空に星空が広がっていた（17分間露光）

保障する「実質的な平等」を含むとされる。国際人権法に詳しい恵泉女学園大学の上村英明教授も「アイヌ民族は明治期以降の植民地支配で多大な不利益を被っており、そもそも平等ではない。実質的に平等にするため、権利を回復する政策が必要だ」と強調する。

道は対象認定

新法制定のもう一つのハードルとして、政府内に「アイヌ民族の定義はあいまいで、支援を受ける範囲が際限なく広がる」との懸念もある。これに対し、政府のアイヌ政策推進会議委員を務める人権教育啓発推進センター（東京）の横田洋三理事長は「国際的には、先住民族の主要団体に承認され、先住民族と自覚している人を、先住民族と認めている」と説明する。

道はアイヌ民族への生活向上施策で、アイヌ協会を窓口にして戸籍や歴史的な文書から血縁関係を証明し、修学資金の給付や就職支援を行っている。新法による国の制度でも、対象の認定は可能と考えられる。

生活・教育支援を盛り込む新法の制定。本当のハードルは、どこにあるのか。

「国民の理解が進まない限り、私たちが求める新法は実現しない。国民理解を最重要課題として全力を尽くす」。17年5月下旬の北海道アイヌ協会の総会。加藤忠理事長はあいさつで「国民理解」という言葉を繰り返し、世論の後押しの必要性を強調した。

内閣府が16年に全国3千人を対象にした調査で、アイヌ民族や文化と接したことがあると答えた人は25％に満たなかった。明治期以降の政府による同化政策や現在まで続く差別の歴史を理解している人は、その中でも一部とみられる。

協会幹部は「国民理解。何十年も前からアイヌはその言葉の前に立ち止まっている」。新法制定に向け政治も政府も動かない本当の理由は、いまの私たちの社会にあるのかもしれない。

［番外編］

菅義偉官房長官に聞く

生活・教育支援「難しい」

アイヌ政策を担当する菅義偉官房長官は２０１７年７月に国会内で北海道新聞のインタビューに答え、検討中のアイヌ民族に関する新法に生活・教育支援を盛り込むことについて、憲法14条の「法の下の平等」との関係など整理する課題があることを理由に「難しい」との姿勢を示した。一方、20年に胆振管内白老町に開設する「民族共生象徴空間」などアイヌ関連施策は「未来志向で推進したい」と語った。一問一答は次の通り。

——新法制定への考え方を教えてください。

「アイヌ民族を先住民族と認めた国会決議（08年）の内容を法律にし、共生社会の構築に向けた方向性を明らかにすることを検討しています」

——新法に生活・教育支援を盛り込むことについてはどう考えますか。

「現在は道がアイヌ民族の生活向上施策を行っています。これを法律に基づく権利にするには、憲法14条の平等原則との関係など整理する課題があります」

——法律に盛り込むのは難しいということですか。

「直ちに法的な課題を整理するのはなかなか難しい。だから、まずは施策による対応が基本になります。今できることをやることが大事なのです。アイヌ民族であることを表に出していない人や道外に住むアイヌ民族にどう対応していくかなどの課

「アイヌ民族に寄り添って新法を検討したい」と語る菅義偉官房長官

題を整理していきます」

——北海道アイヌ協会関係者からは、政府が16年3月に生活・教育支援を目的とした新法の検討に積極姿勢を打ち出したのは、国政選挙向けのアピールでは、との見方も出ています。

「まったく関係ありません。アイヌ関連政策は前へ進めています。今後、アイヌ民族に対する支援を行う自治体に対し、例えば補助金などでどういうことができるか、とかを考えています」

——米国やニュージーランドなど先住民族政策に取り組む国の多くは、過去の権利収奪について謝罪をしましたが、日本政府は今もアイヌ民族に公式の謝罪を行っていません。

「08年の官房長官談話で『近代化の過程で法的には等しく国民でありながら、差別され、貧窮を余儀なくされたアイヌ民族が多数いることは歴史的事実で、あらためて厳粛に受け止める』という認識を示しています。これに基づいて、民族共生象徴空間をはじめ未来志向のアイヌ政策を推進しています」

——象徴空間はどのような施設にしたいですか。

「国内外にアイヌ文化のすばらしさを発信したい。年間来場者は100万人以上を目標としていますが、道内の外国人観光客は増え続けているので、それでも少ないと考えています」

——象徴空間が完成する20年以降は「アイヌ民族政策が急速にしぼむのでは」と懸念する人もいます。

「そこからがスタートです。全く心配することはありません」

第4部

差別のいまを考える

連載「こころ揺らす」には、多くの意見や感想が寄せられました。その中には「いまも差別が続いていることを知ってほしい」と訴える内容が多くありました。差別を巡る現状を探ってみます。

進まぬ理解　苦難再び

「苦しみ、私だけじゃない。アイヌに誇り」帯広市嘱託職員　笹村律子さん

19歳で東京へ

「イシオロレ」――。十勝地方などのアイヌ語で、礼儀正しく「こんにちは」と伝える言葉で始まるメールは、連載が始まった2017年4月に届いた。「まだ名前も顔も出せないウタリ（仲間）の声や思いを、私たちが一歩でも前に立って伝えていかなければならない」。そんな決意がつづられていた。

メールを送ってくれたのは、帯広市嘱託職員の笹村律子さん（47）。生まれも育ちも帯広で、両親ともアイヌの血を引いている。

「アイヌ、汚い」。小学3年の時、男子児童の心ない一言からいじめられる日々が始まった。同級生から突然、自宅に電話があって「律子ちゃんともう遊べない。お母さんから『関わっては駄目』って言われた」と告げられた。給食のオムレツにケチャップで「アイヌ」と書かれた。差別的な発言をした同級生の名前をノートに書き上げてみたら、クラスの大半がそこにいた。

進学後も状況は変わらず、孤独な日々を送った。就職活動にも苦しんだ。面接時に「あなたのような濃い顔だと目立ちすぎる」と断る会社があった。「差別から逃れたい」。19歳で東京へ向かった。

そこで世界は一変する。東京・銀座の高級クラブに勤めた。店では「ロシア人と日本人のハーフ」で通した。客から「美人だね」と言われ売れっ子になり、街を歩けばプロカメラマンにスカウトされ、撮影モデルを務めた。アイヌの血を引くことは周囲に隠したままだったが、「私って気持ち悪い人間じゃないんだ」と嫌いだった自分を好きになれた。

しかし、東京の空気が体に合わないのか、27歳でぜん

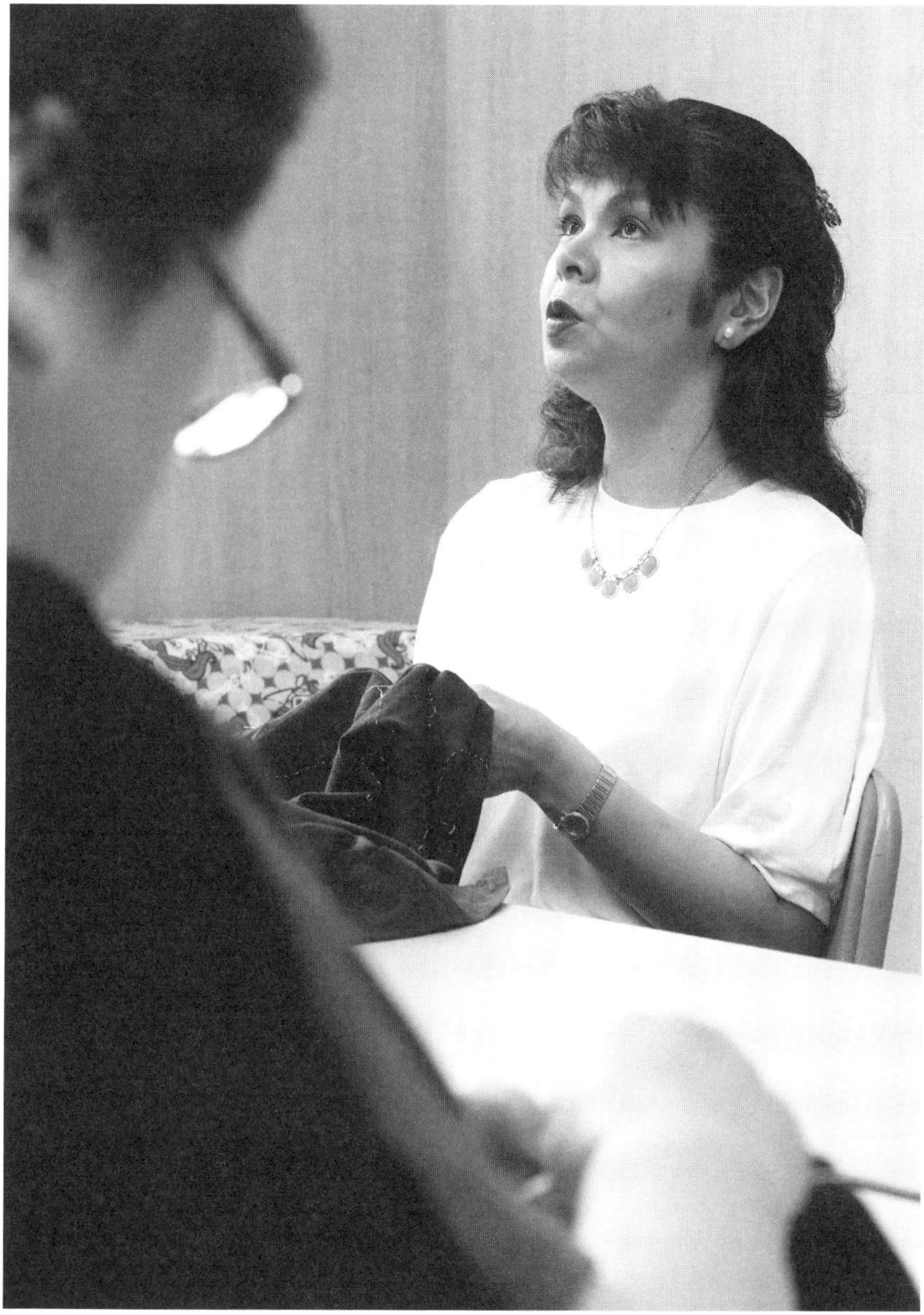

ラムピリカの仲間と刺しゅうをする笹村律子さん。「今はアイヌに生まれて良かったと思う」

そくを患い、帯広に戻った。ぜんそくは1カ月で治ったが、「差別の日々と再会した」。再就職先に困ったり、見知らぬ男性から突然「アイヌ」と声をかけられたりすることがあった。笹村さんにとって故郷は「陰湿で差別が厳しい場所」だった。

出自を隠さず

帯広に帰って2年後。父親が亡くなった時、ルーツを知りたいと思い、アイヌ民族初の国会議員、萱野茂さんの本を読んだ。差別の痛みがつづられた内容に「苦しんでいるのは私だけではない」と共感した。日高管内平取町にいた萱野さんに会いに行った。萱野さんから「誇りを持って生きなさい」と励まされた。

その後もアイヌ文化への関心が徐々に高まっていった。アイヌ民族関連の催しに顔を出し、出自を隠すのをやめた。15年に「アイヌ民族を理解する仲間を増やしたい」と考え、帯広でアイヌ文化の勉強会「ラムピリカ」を発足させた。和人も含む約20人のメンバーで、アイヌ文様の刺しゅうやアイヌ料理、アイヌ語の専門家らを招いた勉強会を月2回開いている。

笹村さんは、こうした活動が「少しずつ差別をなくすことにつながる」と信じている。ただ、周囲の理解が進んだとは実感できていない。現在、勤めている博物館では、来館者から「ここは（職員として）アイヌなんて使っているんだ」と言われたことがある。

17年9月上旬、60代の知人女性と食事にいった時、ラムピリカ代表として講演したことを語ると、唐突に言われた。「アイヌの何が良いの。本当は普通に生まれたかったでしょ。アイヌのことで人前に立って差別されるくらいなら、黙っていればいいのに」

笹村さんは絶句した。でも、逃げることはしなかった。「私はアイヌであることに誇りを持っている。だから、アイヌ文化を伝える活動を続けていくの」

結婚に反対　母の真意

「アイヌの誰もが堂々と生きられる社会に」　日高管内の50代女性

日高管内の50代の女性は連載「こころ揺らす」を読み、手紙を寄せてくれた。

なぜ産んだの

〈私は日高管内のアイヌ民族が多く住んでいる地区に生まれ、母親がアイヌで、父親は本州出身の和人でした。小さな時から『アイヌとの結婚はダメだ』と母親から言われて育ちました。アイヌと結婚して子供ができると、『子供がアイヌに戻る』と言い聞かされたのです〉

〈高校卒業後、日高管内の歯科医院に勤めていた時、私はアイヌの血を引く男性とつき合いました。それを知った周囲の親戚たちから猛反対されました。男性を引き離そうとして、私は家を出されました。そして、札幌に行ったのです。そのとき、母親に『なぜ私を産んだの』と、言ってはいけないことを言い、母親を泣かせました〉

〈21歳のとき、私は札幌でアイヌではない男性とつき合いました。私は自分の体毛のことをずっと気にしてきましたが、男性は気にしていませんでした。それで、もう悩むことはないと思いました。それから人生が変わりました〉

〈私は子供を持ち、母親の気持ちが分かるようになりました。今は母親に感謝しています〉

17年9月上旬。手紙をくれた女性に「会って話を聞きたい」と電話をかけると、「商売をしているから。顔と名前はちょっと…」と匿名を条件に取材に応じてくれた。

女性は日高管内を出て札幌で暮らした後、30代後半で日高管内に戻りスナックを開店した。今もその店でカウンターに立っている。

「小学校時代に同級生とけんかしたとき、『このクソアイヌ』って言われました。中学3年の時は男子から『毛深い』と言われて学校を休みました」。子供の頃の話を聞くと、女性はたばこの煙と一緒に、つらい記憶を次々とはき出した。

「私の母親は、差別によるつらい思いを子供にさせたくないという一心で、和人の男性と結婚したようです。そして私がアイヌの男性と結婚しようとした時、猛反対をされたのは、私の子供にも苦労をさせたくないという思いからでした」

あえて和人と

明治期以降、厳しい差別を受けたアイヌ民族の一部には、差別から逃れるため、あえて和人との結婚を選択した人がいる。そうした考え方が親から子へ引き継がれる例もある。「こんなことは、私たちの代で終わりにしなければいけません」。女性は涙を浮かべながら強い口調でそう言った。

女性はスナックの客に、自らの出自のことを積極的には話していない。「私は小さい頃から、アイヌ民族について『負のイメージ』で聞かされて育ったので、それを話してはいけないという感覚が残っています。私がアイヌだと明かせば、お客さんも話しづらくなるでしょう」

女性は現在、手紙に出てきた男性とは違う和人の男性と結婚していて、小学生の長男がいる。女性は9月中旬、初めて長男に、自分がアイヌの血を引いていることを伝えた。

「ばあちゃんはアイヌで、じいちゃんは本州出身だよ。だからママはハーフなの。つまり、あなたはアイヌのクオーターね」

「人種差別って知っているでしょ。外国人とかをバカにすること。良くないよね。それと同じようなことが、ママが小さい時にあったの」

どう受け止めてくれるか不安だった。長男は驚いた様子はみせなかった。とりあえずは、ほっとした。

「この子の世代の人たちには、アイヌ民族への差別感情なんて抱かせてはいけない。アイヌの血を引いている誰もが堂々としていられる社会になってほしい」

こぢんまりとした店内で女性は願いを込めて語った。

開店前のスナックでグラスを拭く女性。「差別って、なかなかなくならないよね」

伝えたいから踊る

「そこにアイヌがいることも当たり前に」　札幌市の主婦　川上　恵さん

「ハーフなの」

「私と同じ。うれしい」。札幌市東区の主婦川上恵さん（33）は、連載「こころ揺らす」に登場したアイヌ民族の女性歌手が「差別や偏見をなくすためにアイヌ文化を発信したい」と語った内容を読んで、そう思ったという。

2017年9月15日、札幌市内で開かれた障害者団体のイベントのステージ上で、川上さんは仲間とともにアイヌ民族の伝統舞踊を披露した。長い髪を前後に激しく揺さぶる「フッタレチュイ」を踊ると、会場から歓声が上がった。川上さんは「いろいろな人がいることが、当たり前の社会になってほしい。そこにアイヌがいることも、当たり前の社会になってほしい」という思いを込めて踊った。

十勝管内幕別町で生まれ育った。彫りの深い顔立ちで、小学校時代から「外人」などと言われて、いじめられた。今でも思い出したくないあだ名をつけられた。中学生になって、まつげを切り、眉の下まで前髪を伸ばして目立たないようにしてみたが、すれ違う男児に「初めて外人を見た」と言われた。子供の頃から地元のアイヌ舞踊の団体に属していたが、いつしか練習には行かなくなっていた。

19歳で北海道を出て首都圏で暮らした。肌の色も顔つきも違う多くの国籍の人たちがいて「とても過ごしやすかった」。東京の親戚を通じて首都圏にいるアイヌの血を引く多くの人たちとも出会い、「つらい思いをしてきたのは自分だけではないと気付いた」。

そんな仲間とともに「楽しくて格好いいアイヌ文化を発信しよう」と、パフォーマンスグループ「アイヌ・レブルズ」を結成。伝統舞踊をヒップホップやロック調の

伝統舞踊の「フッタレチュイ」を披露する川上さん。「さまざまな葛藤はあるけれど、頑張ることが大事ですよね」

リズムで披露し、喝采を浴びた。「背を向けていたアイヌ文化と向き合えるようになった」

25歳で母親の体調悪化などで帰郷。「地元でこそアイヌ文化を発信して差別をなくそう」と思い、かつて所属していた舞踊団体に戻った。

地元のイベントやアイヌ関連の儀式などで伝統文化を発信する日々を送った。そんなある日、帯広市内の居酒屋でアルバイトをしていると、「お姉ちゃんさ。ハーフなの、クオーターなの」と聞いてくる男性客がいた。「私、アイヌですよ」。川上さんがそう答えると、客は急に顔を背けて会話をやめてしまった。「今もアイヌに変な印象を持つ人がいるんだ…」

結婚を機に引っ越した札幌でも似たような出来事があった。17年2月、札幌市中央区の公共施設でエレベーターに川上さんと長男が乗った時。中年の夫婦が「あら、かわいいね」と長男に話しかけてきたので、川上さんが「ありがとうございます」と笑顔で応じた。ところが、夫婦は「あ、日本語しゃべった」。驚いた様子でそう言うと、その場から立ち去ってしまった。

夫婦がアイヌ民族と気付いたのかどうかは分からない。ただ、心の中に嫌な感情だけが残った。「みんな違って当たり前という社会に早くなってほしい。マネキンのように、みんな一緒という怖い世の中はやってくるはずがないのだから」

文化継承誓う

川上さんは、こうした体験から、差別を考える団体の会報誌にコラムを寄せた。

〈わが子は差別を受けないだろうかと心配は尽きない。わが子に、次の世代に、同じ思いをさせたくない。悩みを残したくないから、いま、身をもってアイヌを知ってもらう！　恐れず、隠さず、誇りを胸に、未来へ、後世へアイヌ文化を継承していきたい〉

偏見　受け継がせない

「アイヌって格好いい、と思ってほしい」帯広市教委の文化推進員　荒田裕樹さん

友人と距離感

連載「こころ揺らす」に寄せられた手紙やメールでは、アイヌ民族の血を受け継ぐ人が初めて差別的な体験を受けたのは「小学校時代」という内容が目立つ。

帯広アイヌ協会副会長で、帯広市教委アイヌ文化推進員として小学校の授業も受け持つ荒田裕樹さん（31）は、小学生たちにアイヌ文化を伝える活動が「差別をなくすことにつながっていく」と考えている。

2017年9月10日。秋晴れの空の下、帯広市郊外の河原に約30人の小学生らが集まった。帯広アイヌ協会が初めて行った伝統的な漁具マレク（もり）による漁の体

マレㇰによる漁を教える荒田さん。サケを気絶させるために頭を棒でたたく際は「神の世界に送る気持ちでね」と声を掛けた

験会。荒田さんは、子供たちがサケを捕って喜ぶ姿を見つめながら「『アイヌって格好いい』と思ってほしい」と語った。

帯広で生まれ育った荒田さんは、母親が伝統舞踊の伝承に取り組む団体のメンバーで、荒田さんも幼い頃から踊りを始めた。

ただ、小学校では帰り道で「あ、犬だ」と声をかけられるなど差別的な発言を受けることは日常的だった。小学4年でサッカー少年団に入ると、接触プレーをした上級生に「アイヌにタックルされた」と言われた。母親が学校に抗議すると、かえって友人たちとの距離感が生じてしまい、少年団を辞めた。「アイヌであることが嫌になった」

保存会の活動からも次第に足が遠のき、中学では髪を茶色に染め、ささいなことでけんかをした。「強がって簡単に話しかけられない雰囲気をつくることで、自分が傷つかないようにしていた」と振り返る。

高校1年の時、アイヌ民族の子供たちを対象とした学習塾「とかちエテケカンパの会」が行った交流イベントに応募しカナダへ行った。「海外に行ける」と軽い気持ちで参加したが、地元の先住民族と交流し、若者たちが堂々と伝統舞踊を披露する姿に心を揺さぶられた。「こいつら、すげえ格好いい。俺、何やってんだろ」

それ以来、「踊りで感動させることができれば、アイヌ民族への偏見も少しはなくなるはず」と考え、保存会の活動に真剣に取り組むようになった。

高校卒業後も建設作業員の仕事などに就きながら、保存会の活動に関わり、25歳からは胆振管内白老町のアイヌ民族博物館で、アイヌ文化担い手育成事業の研修生になった。28歳で帯広に戻り、帯広アイヌ協会の伝統儀式の祭司を任されているほか、市教委の嘱託職員としてアイヌ文化推進員を務める。

小学校で授業

小学校の授業では「雰囲気が重くなるから」と、差別をなくすことを説諭するような授業はしない。主に伝統舞踊やアイヌ語などを紹介し「アイヌ文化は楽しい、親しみやすい、と感じてもらうようにしている」。

例えば、民族衣装を着せたり、ムックリ（口琴）の音が鳴るまで指導したり。「子供たちが家に帰って『学校でアイヌの衣装を着たよ』とか、『ムックリを鳴らせたんだ』と親に伝えてもらうことで、家庭内のアイヌに対する偏見をなくすことにつながる」との思いがある。授業が終わると、子供たちはみな「アイヌ文化は楽しい」と満足した表情をみせるという。

昨年夏、荒田さんと妻、息子2人でおびひろ動物園（帯広市）を訪れた際、つらいことがあった。

子供連れの母親が荒田さんの家族を指さして「ほら見てごらん、あの人たちアイヌだよ」と言ったのだ。「こうして親から子にアイヌへの偏見が受け継がれてしまうのか」。荒田さんはショックを受けた。そして同時に決意を新たにした。

「より多くの人たちにアイヌ文化の魅力を伝えたい。子供たちには、僕らのような嫌な思いをさせたくないから」

人権 真っ向から訴え

「アイヌが生きやすい社会へ、書き、語る」札幌市のパート従業員 原田公久枝さん

作文で最優秀

連載「こころ揺らす」では、幼い頃から差別に苦しむ人がいることを伝えてきた。その差別と真っ向から向き合ってきた人がいる。

アイヌ民族の札幌市のパート従業員、原田公久枝《きくえ》さん(49)。十勝管内芽室町で生まれ育った。小学3年の時、愚痴を言う唯一の相手だった愛犬が死んで以来、学校でいじめを受ける度にノートに思いをつづることが習慣になった。

芽室中1年の時に書いた作文がある。「私は言いたい。『みんなは人権というものを本当に分かっているのか』。人権とは人間が生まれながらに持っている生命・自由、平等の権利。しかし、芽室中には人権がない。平等がなく、とても差別が多いのです」

作文には原田さんの生々しい体験がつづられていた。小学生の時、男子児童に「帰れ、アイヌ」と石をぶつけられたこと。原田さんと接触した児童から「気持ち悪い。アイヌにぶつかった」と言われたこと。上級生から、アイヌ民族を侮辱する言葉を並べた替え歌を歌われたこと。「すべての例をあげれば、原稿用紙が百枚あっても足りないかもしれません」

しかし、小学4年から「言われたら言い返す、たたかれたらたたき返すようになった」という。

作文の最後には、こう記した。「私がいじめられていることはマイナスだけでなく、プラスにもなっています。苦しみや悲しみを、私は知っているから、人のことも考えてあげられる。差別の問題をみんなで考えるべきです」

この作文は当時、人権擁護に関する作文コンクールで最優秀賞に輝いた。しかし、それによって「アイヌのく

せに」と余計にいじめられた。全国から多い日で100通以上の手紙が届き、中には「調子こいてたら殺すぞ」などと書かれたものもあった。手紙を受け取るのが怖くなり、「手紙恐怖症になった」。

その後も学校の和式便所に頭を押さえつけて入れられたり、牛乳パックを投げつけられて牛乳まみれになったり。勉強にも身が入らず、高校受験に失敗した。中学卒業後、三重県の工場で働いたが、けがをして1年で帰郷。再就職時にも差別され、スーパーに採用されても「アイヌを雇っているとは何事か」と苦情が店側に寄せられた。

苦しみを共有

40歳の時。親戚を通じて北海道大学アイヌ・先住民研究センターの研究者と知り合い、アイヌ関係の催事に参加した。さまざまなアイヌ民族とつながりができ、「みんな葛藤しながら文化伝承活動などをやっていることを知って、『苦しみや悲しみを共有できる仲間が増えた』と感じた」。

翌年からは同センターの研究員となり、アイヌ文化伝承者として著名だった祖母について調べた。給与や研究

札幌市北区で開かれた講演会で、中学生時代に伝統舞踊のイベントに参加した時の写真を背に、差別を受けた体験を語る原田さん

経費は出ないが、学内の施設を自由に利用でき、多くの研究者と親交を深めた。研究員の制度自体は3年間で終わったが、5年前からは道内外の大学で講演するようになり、自らの生い立ちを語り続けている。

それでも昨年夏、勤めていたスーパーでレジ係をしている時、来店者が不快そうな表情を見せながら原田さんに言った。「なぜあなたのような人がいるの」

原田さんは、差別感情は誰もが本来、何らかの形で持っているもので、いくら人権教育や差別撤廃運動を続けても、ゼロにはならないと思っている。ただ、「私たちの体験に少しでも思いを寄せてもらうことによって、アイヌが少しでも生きやすい社会になればと願う。そのためにも私は自分のことを書き、語り、発信し続ける」。

［反響編］

続く差別　断ち切りたい
歴史や文化、理解もっと　偏見生まない教育大切

アイヌ民族の血を引く人たちへの差別の現状を伝えた連載「こころ揺らす　第4部」（2017年9月21～26日朝刊）に、読者から電子メールや手紙などで80件以上の感想や意見が寄せられた。差別が今なお続いていることに驚いたり悲しんだりした人が多く、「道民はアイヌ民族の歴史や文化にもっと理解を深める必要がある」という意見が目立った。

連載では、アイヌ民族の女性が知人から「普通に生まれたかったでしょ」と言われたり、アイヌ民族の親子が周囲から指をさされて「あの人たちアイヌだよ」と言われたりしたことなどを伝えた。江別市の主婦小原華子さん（32）は「まだ差別が残っていることに驚いた。申し訳ない気持ちでいっぱい」とのメールを寄せてくれた。

自身の行動を振り返った人もいた。札幌市西区の40代男性は「自分自身も幼少の頃、アイヌ民族を奇異の目で見ていた」と告白し、「当時の子供へのアイヌ民族に関する教育が不足していたと思う」。北区の30代主婦は「無意識に人を差別してこなかったか、自分の半生に思いを巡らせた」と打ち明けた。

札幌市手稲区の看護師浦潤一さん（42）は「こんなに差別を受けている事実を恥ずかしながら知らなかった」といい、連載終了後の10月上旬、小学生の子供2人を連れて胆振管内白老町のアイヌ民族博物館を訪れた。「偏見がない子供のうちにアイヌ民族に関する教育を受けさせることが必要。『格好いい』とか『すてき』という印象を持ってほしい」

北広島市の西窪瑞恵さん（60）は、出産時に脳性まひになった長男が受けた差別について手紙につづった。20年近く前、病院の待合室で幼児の長男を見た近所の女性に「みれ、みれ。あれ」と周りに聞こえるように

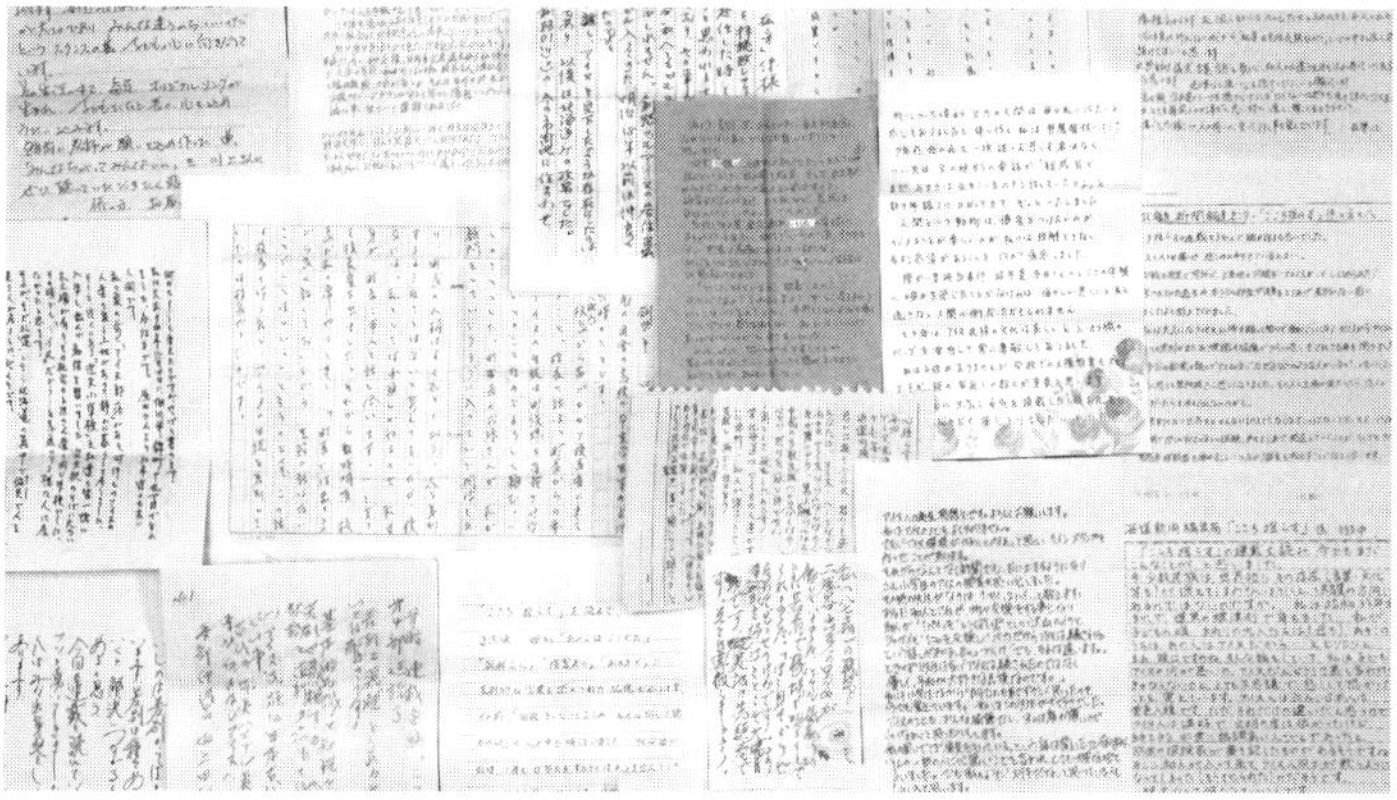

連載「こころ揺らす」への感想や意見をつづった手紙やメールが多数寄せられた

言われたという。「つまらない優越感に浸りたいがために、人をおとしめる言動はなくならない。少しでいいから自分がそうされたらと考えてほしい」と訴えた。

十勝管内大樹町の農業片岡文洋さん（71）は「差別や偏見は恥ずかしい。大人がアイヌ民族の素晴らしい知恵などを子供たちに正しく伝えることが大切」とはがきに記してくれた。九州から2年前に赤平市に移住してきた主婦広田京子さん（37）は「道外の人にもアイヌ民族について伝えていきたい」と強調した。

一方、胆振管内白老町出身という会社員（53）からは、かつての厳しい差別は表面化していないとして「『寝た子を起こす』ような記事を載せるのは、普通のアイヌ民族の心情を逆なでする」との指摘があった。

アイヌの血を引く人からの声も届いた。旭川市の会社員女性（56）は、アイヌ民族の血を薄めるために親戚からアイヌ同士の結婚を反対された女性の記事を読み、「同じ境遇の人がいて共感した。しばらく文化伝承に関わっていなかったが、再開したい気持ちになった」と語った。

札幌市南区の会社員女性（45）は、アイヌ民族について学んだばかりの小学4年の娘にアイヌの血を引いていることを伝えた。娘は「え、そうなの。やったあ」と喜んだという。「子供が偏見を持つのは、周りの大人が偏見を持っているから。偏見のない子供たちの心を大きくしていきたい」

［番外編］

刑務所からの手紙

「こころ揺らす」取材班に、横浜刑務所から1通の手紙が届いた。差別を巡る現状を考える第4部の番外編として、この差出人の男の人生を考えてみたい。

（北海道新聞の連載企画には掲載していません）

ある晴れた寒い夜

2008年12月。厳冬を前にして、寒く晴れた夜だった。

札幌市北区のスーパー。午前0時の閉店5分前。店内に「蛍の光」のメロディーが流れ出した頃だった。店内に2人組の男が入ってきた。

「パンッ」。突然、乾いた音が響いた。

1人の男（55）がいきなり、閉店準備で入り口近くにいた男性店長（53）に向けて銃を撃ったのだ。

「カネよこせ。レジまで行け」。男は店長に銃を向け、そう言った。店長はレジまで歩き、約30万円を手渡した。2人の男は店の前で待機していた車に乗り込んで逃走した。

店長はすぐに警察に通報した。緊張で体がこわばっていたのか、自分のけがに気付いたのは、その後のことだった。「赤い靴下をはいていたから、血が流れていたのが目立たなかったのかも」。男が撃った銃弾は、脚を貫いていた。

翌日、2人の男は強盗致傷の疑いで逮捕された。道警の調べに対し「金が欲しかった」と供述した。店長を銃で撃った男は、事件前月の11月に札幌市内のコンビニエンスストアで発生した2件の強盗事件についても関与を認めた。事件の経緯を聴取した検事は店長に言った。「あの男は犯罪のプロだ」

店長は事件後、2カ月間入院した。当初は「ほとんど歩けないほど痛かった」。事件の光景が夢に出ることが何度もあり、眠れない日も多

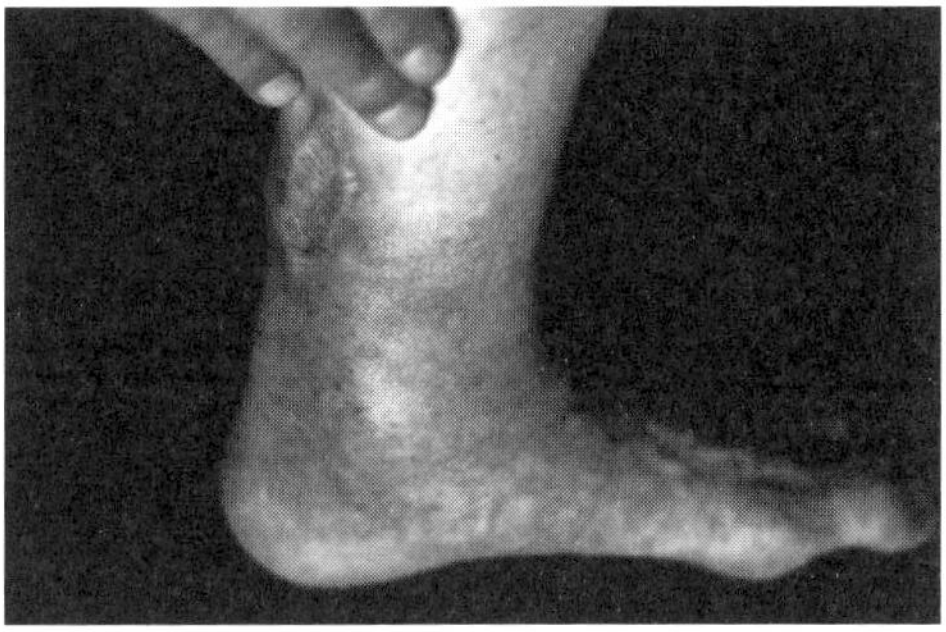

スーパーで勤務中に銃弾を撃ち込まれた男性店長の脚。今も生々しい傷跡が残る

かった。「なんで俺がこんな目に遭わなくてはいけないんだ」。つらい思いがこみあげてきた。

店長は、自分を撃った男の札幌地裁での裁判をすべて傍聴した。「どういういきさつで強盗をしたのか知りたかった」という。男は裁判で情状酌量を求め、幼い頃から差別を受けていた体験を語った。

「生い立ちはいろいろあるだろう。でも、やっていいことと、悪いことがある」。店長には、男が語った境遇について「言い訳」のように聞こえた。

09年6月。札幌地裁の一審判決で、裁判長は男が受けた差別の体験を「同情すべき点はある」としつつも、「刑事責任を大きく減じるようなものとは思わない」と指摘した。判決は懲役24年（求刑懲役30年）。約1年後、最高裁でそのまま刑が確定した。男が刑を満期で終えて出所すれば、80歳になる。

店長は「差別を受けた経験があるとはいえ犯罪には変わりない。罪は罪として償ってほしい」と語った。

◇

有罪判決を受けたこの男から、北海道新聞の記者（村田）の元に1通の手紙が届いたのは17年5月下旬のことだった。差出人の住所は、横浜刑務所とあった。事件の状況と事件後の話は、男の手紙に書いてあった証言を元に、裁判記録や関係者を取材して構成したものだ。

男は、知人が刑務所に送った連載「こころ揺らす　第1部」（同年4月上旬）の切り抜きを読んで手紙を書いたのだった。

アイヌ民族の血を受け継ぐ若者たちが前向きに生きる姿を見て、思うところがあったという。「私の子供の頃はアイヌの血を前向きに受け入れるなんて、絶対に考えられなかった。私はアイヌであることで良かったと思うことは、ほとんどなかった」

記者に届いた男からの手紙は約30通に上った。この男の人生を考えてみたい。

耐えられない偏見

札幌市内の強盗致傷事件で実刑が確定し、横浜刑務所に服役している受刑者の男(65)は、手紙に自らの生い立ちをつづった。

最初に差別を受けた体験は5、6歳。木彫り職人だった父親が道南の温泉街で土産品店を営んでいた頃だった。「アイヌ、アイヌ、アイヌ、アイヌ…」。近所の同い年の男の子が家の前を走りながら、そう言った。子供心に「心底嫌な思いがした」と振り返る。

その後、引っ越した道央のまちでも、いじめられた。小学3年の頃、身体検査の時に体をじろじろ見られたり、体毛を引っ張られたりした。「あ、イヌ来た」との言葉を投げかけられ、学校の鉄棒で遊んでいた時には「木でも登ってろ」と言われた。学校生活での嫌がらせは「挙げたらきりがなかった」。勉強に身が入らず、授業についていけなくなった。教師らもいじめを見て見ぬふりだった。

男は小学4年の頃、木彫り職人の父親の仕事を継ぎたいと考え、見よう見まねで木彫りを始めた。「自分なりに良くできた」と思って姉に見せたが、返ってきたのは予想外の言葉だった。「何を考えているの。父が木彫りの仕事をしているから、私たちはアイヌと知られるようになって、どれほど嫌な目に遭ったのか。分かるでしょ」

そのとき、いじめられた数々の体験が頭の中によみがえった。姉の言っていることを「もっともだ」と感じ、その道は諦めた。

中学時代には動物や野鳥の絵を描くことが好きだった。ただ、同級生から言われた言葉に再びショックを受ける。「小さい頃から山で、いろいろな鳥や動物を見て育ったから上手なんだよな」。周囲の子供と同じような環境で育った男にとって、アイヌ民族への偏見がつらかった。

中学卒業後は鉄工所や食品会社などに勤めたが、いずれも長続きはしなかった。「このままではいけない」と、18歳で自衛隊に入隊。配属された道央の駐屯地では、先輩隊員から「狩猟民族だから射撃がうまい」「足が速いのは山で育ったからだ」と言われた。男は中傷を受けたと感じて2年で退職した。

道央で造園業を営んでいた28歳の時に結婚し、ダンプ運転手をしながら二児を授かった。その当時、勤めていた運送会社から差別的な発言を受けたが、「家族のため」と働き続けた。

ある日。入浴中に幼稚園に通っていた長男から、ふと聞かれた。「お父さん、アイヌって何」

男から届いた動物や野鳥の絵。左下の絵は連載第1部で紹介した女性の模写だ

幼稚園の友達から言われたという。長男に出自のことを説明していなかった男は「気にするな」と平静に振る舞った。しかし、近所の住民の懇親会が開かれた時。住民同士の会話から、水泳教室に通わせていた長男について「アイヌの小倅《こせがれ》なのにスイミングスクールに通わせるのか」とからかう声が聞こえてきた。

自分が何を言われても構わない。でも、息子がアイヌとして奇異の目で見られるのは、耐えられなかった。「アイヌが一体何をしたというのか。アイヌのことなど何も知らない息子に何の罪があるのか」

深い絶望感と、ある思いがこみ上げてきた。

「お金持ちになれば、私や息子を差別した者を見返し、見下してやれる」

その後、小さな郵便局に立ち寄った時、中型の金庫が置いてあった。「あれなら私でもバールで開けられる」

1988年から93年にかけ、男が道内外の郵便局で起こした窃盗事件は10件以上に上った。一連の罪で94年に懲役7年6月の判決が出た。

逮捕を機に妻と離婚した。長男と長女とはそれ以来、一度も会っていない。数年前、妻に友人を通じて子供の写真を送ってほしいと頼んだが、「子供たちは真面目に元気でやっています」との返事しかなかった。

後世に残したい文化

郵便局を狙った連続窃盗事件で実刑となり、黒羽刑務所（栃木県）で服役を終えた男は2000年に出所した。札幌市内でタクシー運転手として働き出したが、02年の規制緩和でタクシー台数が増え過当競争になると、給料は半減。再就職を試みたが、雇ってくれる会社は見つからなかった。

「何とかカネをつくらなければ」。気持ちが焦っていた時、刑務所内で知り合った男から連絡があり、札幌市内で再会した。2人は04～05年に数件の窃盗事件を起こして逮捕された。そして再び服役。07年6月に出所して、わずか1年半後の08年12月、札幌市北区のスーパーで、あの男性店長を傷つけた強盗事件を起こした。

男は記者への手紙で「誰のせいでもない。すべて自身の心の弱さがもたらした結果。アイヌ民族への差別や貧困を犯罪の理由にするなら罪の意識からの逃れであって、決して悪事を正当化できるものではない」「被害者の方々には心から申し訳ないと思っている。どんな謝罪を並べても決して許されることではなく、真の更正を成し遂げることこそが償い」とつづった。

服役中、男は一冊の本と出会った。旭川出身のアイヌ文化伝承者、川村カ子ト《ね》さんの半生を描いた著書『カネトー炎のアイヌ魂』。差別と闘いながら測量技術者として難工事に挑んだ川村さんの生き方に興味を持ち、「アイヌのことを真剣に知りたくなった」。

その後は、アイヌ民族に関する書物を「読める限り読みあさった」という。差別を受けた体験によってアイヌ民族に関することから「逃れたい」という気持ちしかなかった男は、読書を通じて初めてアイヌ民族の歴史を知った。

明治期以降、政府が行った土地の官有化や狩猟・漁労の禁止、同化政策などを知り、怒りを感じた。そして「アイヌ文化が正しく学校教育で教えられていれば、いじめや差別、偏見などは生じなかったのではないか。アイヌが差別を受けるのは、明治政府そのものに原因があったのではないか」との思いが募った。

男には2人の友人が今もいる。1

男が借りていた札幌市白石区の一軒家と大家の大野さん

人は男がかつて札幌市白石区で借りていた一軒家の大家で、不動産業を営む大野節夫さん（87）。男が05年に窃盗事件で再び刑務所に入った後も2年半の間、その家に他の人を入れずにそのままにして男の出所を待った。「あの人は泥棒をした以外は誠実で、思いやりもある」といい、男には「出所するまで私は生きていないと思うが、もし生きていたらまた訪ねてきなさい」と伝えてあり、今もその家は空けてある。

男から届いた150通もの手紙を見せてくれた上中さん。最近は男が年金を受け取るためのさまざまな手続きを手伝った

もう1人の友人は、30年近く前に共通の友人を通じて知り合った滝川市の金属加工業、上中数広さん（68）だ。上中さんは若い頃に仕事中の事故で脊髄を損傷し、車いす生活を送る。頼まなくても必要な時に

手を貸してくれるような自然体の優しさが男にはあるという。上中さんは「私にとって彼は特別な存在。彼を支援するのは同情ではなく、彼を好きだからだろう」と語る。

08年の強盗事件で逮捕されて以降、上中さんは男と文通を始め、その数は１５０通に上る。最近になって男の考え方に変化を感じているといい、親戚をはじめとした周囲を気遣うような記述が目立っているという。上中さんはアイヌ民族に関する新聞記事やアイヌ文化の本を男に送り続けており、「読書や文通が良い影響を与えているのならうれしい」と話す。

男からの手紙では、友人２人に心から感謝し、「希望と生きる力を与えてくれた」「これで更正できなければ裏切りになってしまう」とつづった。

男は小学生の頃、父親と狩猟に行ったことがある。毒矢を使う際にスルク（トリカブト）の毒性の強さを確かめる方法や、タヌキやウサギの巣穴に棒を入れて引っ張り出す方法など、さまざまなことを教わった。冬休み中には、雪深い山奥にクチャ（仮小屋）を作り、クマを捕ったこともあるという。

「父から教わったことの一つでも、アイヌの狩猟文化の伝承に貢献するなら後世に残したい」。かつては避けていたアイヌ文化について男は今、刑務所の中で向き合おうとしている。

理解深める努力を

２０１７年８月上旬の昼すぎ、33度を超える真夏日だった横浜市郊外。記者は08年に札幌市内のスーパーなどで起こした連続強盗事件で服役中の男（65）に会いたいと思い、横浜刑務所を訪れた。

所定の手続きを済ませると面会室に通された。１畳程度の暗い部屋。ガラスで仕切られた向こう側に２人の刑務官が現れ「面会の目的は」と聞かれた。文通を続けていることを説明した上で「会うことで更正に力を貸したい」と伝えたが、刑務官は「こちらは基本的には親族との面会しか認めていない。手紙で十分だ」と言い渡された。その後、10分近くにわたって堂々巡りが続いたが、結局面会はかなわなかった。

刑務所関係者によると、初犯の受刑者の面会は難しくないが、男のように重罪で再犯を繰り返しているケースでは「親族以外はほとんど会えない」という。あらためて男の罪の重大さを感じた。

その翌日、道央のある駅前の喫茶店で、男の異母姉と会った。「何を考えて生きているんですかね。（刑務所に入った）最初の頃はお金も送ってあげたけど、何回もとなれば…」

女性はここ20年近く男と連絡を取っていない。00年に最初の服役を終えて刑務所を出所してからも何の音沙汰もなかったという。「どれだけ周りが悲しい思いをしたのか分かっていない。あのような人間はうちの親戚に他に1人もいない」と切り捨てた。その上で男が犯罪を繰り返した背景について「差別だけではない」とも語った。

男も連続強盗事件と自身が受けてきた差別は「関係ない」として、「再犯は誰のせいでもなく、自分自身の心の弱さ」と記者への手紙で記している。ただ、自身の半生について「アイヌ民族であったことが大きな足かせになった」などと、差別を受けた体験の影響に関する記述も少なくない。

差別問題に詳しい関西学院大学の金明秀教授（計量社会学）は差別と犯罪には直接的な関係はないとしつつも、「マイノリティー（少数者）は被差別の結果として貧困状態に追

男が入所する横浜刑務所。男が刑を満期で出所するには、あと15年近く服役しなくてはならない

いやられることが多い。貧困は犯罪率を押し上げる要因の一つであり、間接的な関係は存在する」と指摘。アイヌ民族を対象とした調査で、平均よりも年収が低く、生活保護率が高いことなどを踏まえ、「マイノリティーの貧困問題を放置することが問題だ」と話した。

社会病理を専門とする新潟青陵大学大学院の碓井真史教授（社会心理学）は「差別や偏見で拒絶されていると感じると、地道な努力ができず、攻撃的になる人もいる。次第に『俺はどうせ駄目なんだ』という気持ちが根付き、世の中のルールから外れていく場合もある」と強調した。

碓井教授は差別や偏見の多くは理解不足に基づいており、「人間は偏見を抱きやすく、差別的な発想に陥りやすいということを自覚すべきだ。その上で互いに向き合い、互いの理解を深める努力をしていくことが何よりも大切」と話す。

男は、連載「こころ揺らす」で差別をテーマにした第4部（17年9月）を読み終えて、こんな感想を寄せた。「今こそアイヌ民族のことを世に理解してもらう時ではないでしょうか。民族に対する理解が全国的にも高まり、差別や偏見のない社会になることを切に望みます」

第5部

シサム（隣人）として生きる

アイヌ語にシサムという言葉があります。
シは「自らの」、サムは「傍ら」という意味で、
アイヌ民族にとっての隣人、つまり和人を指します。
アイヌ民族とともに文化伝承活動や
社会問題に取り組むシサムを紹介します。

個人対個人　互いに尊重

杉山由夏さん・阿部千里さん

不安抱え対面

山々が赤や黄色に色づいた2017年10月下旬、札幌市南区の市アイヌ文化交流センター。この日、開かれたイベントの最終盤で、旭川医科大学5年の杉山由夏さん（35）と札幌アイヌ協会で活動する政治団体勤務の阿部千里さん（27）が一緒に伝統舞踊を踊っていた。

大きな輪になって踊る――。アイヌ語でそんな意味がある舞踊「ポロリムセ」は全員が手をつなぎ、歩きながら踊る。杉山さんは「和人とアイヌ民族が尊重し合って、一緒に歩む関係になれれば」と願う。

杉山さんは神奈川県出身。アイヌ民族については教科書で学んだだけで詳しくは知らなかった。大学卒業後、岩手県で獣医師として農業共済組合に勤務。2011年の東日本大震災で「目の前の人を助けられないもどかしさ」を感じ、30歳で旭川医科大学に進学した。

アイヌ民族と関わるきっかけになったのは、人権や平和問題を考える非政府組織・国際医学生連盟の北海道支部（IFMSA北海道）の活動だった。道内の医学生がメンバーで、杉山さんが「北海道で活動しながら、先住民族のことを知らないのは恥ずかしい」と、3年生の時に勉強会を提案した。

まずは書店で目についた本3冊を手に取り、読んでみた。でも、さまざまな意見や主張が繰り広げられるだけで「何が真実なのかと、ますますモヤモヤした」。そんな時、共通の知人を通じ、阿部さんと出会った。

約束の場所は、JR札幌駅前のカフェ。アイヌ民族と初めて接する杉山さんは、この時の心境を「怖かった」と振り返る。「和人の自分が無意識に発した言葉で、傷つけてしまったらどうしよう」。少し緊張しながら、店

手をつなぎ、アイヌ民族の伝統舞踊を踊る杉山由夏さん（左から2人目）と阿部千里さん（右）

の扉を開けた。

互いの生い立ちや価値観を語り合い、気が付けば5、6時間が過ぎていた。「民族や医師という肩書にこだわらず、個人対個人で向き合えばいいんだと気付いた」と杉山さん。同時に「遠慮して分からないままにすることが、逆に距離をつくるのかもしれない」と思った。会う前に感じた不安は、いつしか消えていた。

相談は医師に

16年2月、IFMSA北海道の仲間に声をかけ、アイヌ民族について学ぶプロジェクトを発足させた。参加した学生は北海道大学や旭川医科大学の約15人。これまで勉強会や研修会などを開いた。

9月の勉強会では、阿部さんが講師を務めた。北海道ウタリ協会札幌支部（現・札幌アイヌ協会）が05年に行った「アイヌ女性実態調査」を引用し、アイヌ民族の女性の約3割が暴言を含む家庭内暴力を受けていると回答したことを伝えた。そして「最初に暴力を打ち明けた相談相手は医師が最も多かったのです」。

さらに阿部さんは、暴力を受けた背景に和人の夫らによるアイヌ民族への蔑視があるとの見方を示した。「アイヌであることが差別対象になると恐れているから誰にも相談できず、医師に相談するのかもしれない。みんなが医者になった時は、受け止めて、寄り添ってほしい」

阿部さんが伝えたかったのは、教科書や本では分からない「差別の先にある痛みや葛藤」だった。それは「他人の価値観や身体的特徴の違いを認めないことから生まれる」と杉山さんは思う。

だからこそ「どんな患者さんが来ても、自分とその人は何が違って、何を大切にしているのかを考え、尊重したい」。いつか医師となった杉山さんのもとを、アイヌ民族が訪ねてきた時も、そうじゃない時も。

歴史教材 別の視点促す

渡辺 圭さん

ゲームで学ぶ

【和人カード】

役人「アイヌのサケ漁を禁止する」

指令＝和人はサケ漁の道具を「消したものコーナー」へ置く

【アイヌカード】

子供「ぼくのおじさんはマレク（もり）でサケを捕まえようとすると、密漁といわれ、警察に連れて行かれた」

指令＝和人はアイヌの全ての宝を「うばったものコーナー」へ置く

千歳市周辺の絵地図を4人で囲む。アイヌ民族や和人の役人など、それぞれの立場でせりふカードを読みあげ、指令に従って道具や宝などを移動させる。

これは、アイヌ民族の暮らしが和人の開拓で変わっていく過程を伝えるゲーム形式の教材「しこつの500年」だ。

2017年10月下旬に千歳市内で開かれたアイヌ語教室で、中学校教諭の渡辺圭さん（47）＝恵庭市在住＝が教材のルールを説明し、参加者はゲームを通じて郷土の歴史を学んだ。教材は渡辺さんが教員仲間と10年に中学生向けに考案したものだ。

カードには、アイヌ民族の子供が「アイヌ語を話しちゃダメと言われたよ」と困惑する場面も。まちの発展につながった飛行場の完成で、民族が守ってきた原生林が消えたことにも触れた。

渡辺さんは教材について「過去の事を良い悪いと分断するのではなく、物事には歴史があり、歴史には別の見方があることを知ってほしかった」と語る。

東京都出身の渡辺さんは、多摩川支流の自然豊かな郊外で育った。アイヌ民族との出会いは、兄が北海道旅行から持ち帰った1冊の本。自然を熟知し、全ての生物と共生する精神に「心を捉えられた」。以来、北海道に憧れて北海道大学に進学し、道内で教員になった。

35歳で千歳市の中学校に着任。市内でアイヌ語教室を

アイヌ語教室で「しこつの500年」の使い方を説明する渡辺圭さん。「アイヌ民族の視点で見ると、歴史の見方が変わりませんか」と語りかける

開いていた故中本ムツ子さんの下でアイヌ語を学んだ。中本さんは11年に83歳で亡くなるまで、口頭伝承を記録したCDなどを数多く出版した文化伝承者だ。

渡辺さんは、中本さんからアイヌの伝統料理オハウをごちそうになるなど、いつしか家族ぐるみのつき合いをするようになった。中本さんが問わず語りに語る伝承を聞くうちにアイヌ語も上達。今では、教室で講師を務めるほどになった。

「愛国心じゃなくて、『愛地球心』が大事」が中本さんの口癖だった。「温かい人柄と、その根底にあるアイヌの精神にますます敬意を持った」と渡辺さん。中本さんが教えてくれたのは、言葉だけではなく「和人を憎まず、一緒に生きる覚悟」だったと思う。

違う文化尊重

「しこつの500年」には、そうした中本さんの遺志が受け継がれている。和人の視点も描き、対立を強調しないように心がけた。教材を見た中本さんが「いいね」とほほ笑んだ時はうれしかった。

教材を見せたアイヌの知人の中には「悲しい過去を再び突きつける必要はない」という意見もあった。だが「本当に寄り添うには歴史を避けて通れない」と渡辺さん。ルーツに葛藤したり生活に困窮したりするアイヌ民族がいる背景を知ってもらい、理解者を増やす必要があると思うからだ。

6年前に北広島市の中学校に異動した後も、教科書にアイヌ民族が登場する場面で教材を使う。最近は「悲しい歴史」で終わらせない工夫も始めた。教材で学んだ後、「アイヌ民族について学べる学校を作る」「サケ漁ができるようにする」などの施策カードを用意し、必要だと思う順に並べてもらう。歴史を踏まえ、アイヌ民族と和人の未来を一緒に考えてもらう狙いだ。

アイヌの文化や歴史を学ぶ理由を、渡辺さんは中学生にこう語る。「自分と違う人の中に尊敬できるものを見つけ、一緒に生きるのは、とても豊かで楽しいはずだよ」

葛藤超えアイヌ語学ぶ

近藤　聖さん

気軽に会参加

ポーㇹチン　ウタㇵ　カ　ピリカノ　ター（子供たちは幸福に）
ホロケウポ　ウタ　アㇵカリ　ピリカノ　オカヤㇵチ
ペ　ネー　マヌ（親たちよりもっと幸福に暮らしたんだとさ）

ステージにたった一人。スポットライトを浴び、聴衆200人の前での朗読だった。樺太アイヌのトゥイタㇵ（昔話）を、樺太方言のアイヌ語で語った7分間。終わるとともに、大きな拍手がわき起こった。

アイヌ文化の担い手を育てる札幌大学ウレㇱパクラブの学生たちが日頃の学習成果を発表する「ウレㇱパ・フェスタ」。2年生の近藤聖《さとし》さん（20）は朗読を終え、「次の機会は、もっとスムーズに語りたい」と笑顔を見せた。

上川管内鷹栖町に生まれ、深川市で育った。子供の頃、アイヌ民族といえば、歴史の教科書で学んだだけで特に関心がなかった。

海外の文化には興味があり、高校2年の時にフランスへ留学。さまざまな言語への関心が高まり、ロシア語専攻のある札幌大学に進学した。入学後のガイダンスでウレㇱパクラブの説明を受けると、「アイヌ語とかも面白そう」と気軽な気持ちで入会した。

ウレㇱパはアイヌ語で「育て合い」の意味。会員はアイヌ民族に限っておらず、現在はアイヌ民族13人、和人5人が在籍している。毎週月曜日にアイヌ語を学び、木曜日にアイヌ民族の歴史と文化に関する各自の学習テーマを1人ずつ持ち回りで発表している。

アイヌの民族衣装があることも知らなかった近藤さんにとって、クラブでの活動の最初の半年間は「よく分か

ウレシパ・フェスタでトゥイタハを披露する近藤さん。民族衣装には文献で知った樺太アイヌの文様を自分の手で刺しゅうした

らずに過ごしていて、手探り状態だった」。胆振管内白老町や釧路市阿寒湖温泉でアイヌ文化伝承者と接する中で「自らの文化をこんなに大事にしている人がいるんだ」と感じた。「自分が住む土地に根ざしたアイヌの歴史や文化を勉強しなくてはいけないとの思いを次第に強くした。

同時にアイヌ語を勉強していく中で、言語が消滅の危機に直面している現状も知った。明治時代に政府がアイヌ民族の子供に日本語教育を強制したことなどによって話す人は激減。現在はアイヌ語を母語として日常的に使う人は、ほとんどいないからだ。

非難聞き苦悩

ただ、アイヌ語を勉強するに当たって、近藤さんは悩んだ。かつてアイヌの古老が和人の研究者に対し「なんでアイヌ語を奪った和人にアイヌ語を教えるんだ」と非難したエピソードを聞いたからだ。「言葉や文化を研究されることに対してアイヌ民族はどう感じているのか」と思うようになった。

そんな葛藤を打ち明けられたウレㇱパクラブの同級生でアイヌ民族の葛野《くずの》大喜さん（20）は「自分たちの民族について真剣に考えてくれて、すごいうれしかった」と振り返る。「和人とアイヌの悲しい歴史はあったけど、いまは和人が学ぶことについて、わだかまりを持っている人はほとんどいないはずだよ。好きなことはどんどん勉強すればいい」と答えた。

クラブは2017年、研修で先住民族の言語復興の先進地として知られる米ハワイ州を訪問した。ハワイ語の伝承に取り組む男性から言われた言葉が胸に残っている。「民族や人種について考えたり悩んだりすることは大切だけど、それ以上に廃れていく言語を復興させる熱意を持ち続けることが大切だ」

近藤さんは将来、アイヌ語を復興させる仕事に就きたいと考えている。「アイヌ語の勉強を重ねる中で見えてきたことをアイヌ民族のみなさんに還元していきたい」。知識だけを得て社会に貢献しない研究は良くない――。葛藤した中で見えてきた今の答えだ。

彫り続ける 伝統に挑む

水野練平さん

「こんなもん」

JR白老駅から徒歩5分、胆振管内白老町中心部にある工房。静かな室内で、工芸家の水野練平さん（40）が、彫刻刀でアイヌ工芸品のイタ（木の盆）にラムラムノカ（ウロコの形）を丁寧に彫り込んでいく。「俺のこだわりはアイヌの伝統的な木彫りです」

生まれも育ちも苫小牧。小学4年の時に社会科の副読本でアイヌ民族について学んだが、「昔にいた人だと思っていた」という認識しかなかった。札幌大学を卒業後、父の知人がいたアイヌ民族博物館（白老町）で働き始めた。

最初は事務などを任された。「観光地で働くのは楽しい」と日々を過ごしていたが、1年後に伝統舞踊などを披露する伝承課に配属された。エムシリムセ（剣の舞）に必要な剣を自分で作ってみたが、博物館に展示されている剣とは違った。「本物」に近づけたくて、公演の合間や仕事の後など時間があれば木彫りに打ち込むようになった。

学習環境は最高だった。博物館には資料目録があり、マキリ（小刀）やタシロ（山刀）、イクパスイ（捧酒べら）など明治期の工芸品を何百点も見ることができた。「目録で我慢できないときには、学芸員に頼んで収蔵庫で『本物』を手に取った」。もともと手先が器用で、木彫りの技術はみるみる上達した。

しかし。「こんなもん、アイヌの彫り物じゃねえ」「どうせ、シャモ（和人）の作ったもんだろ」

博物館で雑談していた時などに自分の作品を見せると、和人からもアイヌ民族からも心ない言葉を浴びせられた。観光客からは「あなたは日本人だよね。アイヌは

イタのアイヌ文様を彫る水野さん。かつてのアイヌ民族が1本のマキリで工芸品を作っていたことから「1本の彫刻刀で仕上げる」という

どこにいるの」と言われたこともあった。徐々に「本当にここにいていいのか」と感じ始め、2008年に博物館を辞めた。

白老を離れ、知人が暮らす台湾に行った。しばらく木彫りから離れたが、半年後に札幌に戻ると、無心で彫刻刀を握り短期間で何枚ものイタを仕上げた。「やはり木彫りが好きだ。この世界を突き詰めたい」

アイヌの木彫りは、伝統的なものから現代的なものまで作風は幅広い。アイヌ民族ではない工芸家として、どう向き合うべきなのか迷った。「現代的な作品を作りたいと思うこともある。だけど、俺のアイヌ工芸が認められるには、100年以上前のアイヌが作っていたような、ど真ん中のものと向き合うしかない」

伝統工芸家として

09年、白老に帰郷し、働きながら木彫りに再び没頭する生活が始まった。アイヌ文化振興・研究推進機構の工芸品コンテストには古い資料を調べ上げて3年連続で出品。09年はマキリ、10年はイタ、11年はタシロで優秀賞を受賞し、11年に史上最年少で7人目の伝統工芸家に認定された。

「5年以内に工房を構える」と決め、16年3月に現在の工房を開設。来客とじっくり話をしながら受注生産する方式を取る。研究機関から複製品の制作を依頼されることもある。その腕は各地で認められ、母校の札幌大学で木彫りの講座を開いたり、イベントでワークショップを行ったりするようにもなった。

ここ数年は、アイヌ民族博物館で働く若者たちを自宅に招き、意見交換している。博物館の野本正博館長は「マキリやイタの完成度は高く、チャレンジ精神もある。多くのアイヌの若者にとって刺激になっている」と語る。

水野さんは思う。「昔のアイヌ工芸品は美しさの中に、いろいろな人の思いや歴史が入り、まがまがしさすら感じる魅力がある。表現力がすごい」。その域に達することが目標だ。白老には20年にアイヌ文化復興の拠点「民族共生象徴空間」が開設される。「今以上に魅力的な作品を作り続け、地元に貢献できれば」と考えている。

差別なくす　英国人奔走

マーク・ウィンチェスターさん

「日本オタク」

連載第5部では、アイヌ民族とともに文化伝承活動などに取り組むシサム（隣人＝和人）を紹介してきた。アイヌ語には西洋人を意味する「フレシサム」という言葉もある。神田外語大学（千葉）の英国人講師マーク・ウィンチェスターさん（38）＝アイヌ近現代思想史＝は、アイヌ民族への差別と闘うフレシサムだ。

ヘイトスピーチ抑止に向けたイベントで「悪いことには『悪い』と堂々と言うことが大事だ」と語るウィンチェスターさん

２０１７年10月下旬。札幌市中心部のカフェで、民族差別をあおるヘイトスピーチに反対する若者たちによるイベントがあった。ウィンチェスターさんはパネル討論に参加し「アイヌ民族へのヘイトスピーチは一時期より収まってきたが、まだ残っている」と警鐘を鳴らした。

英国南部の自然豊かな村で生まれた。8歳で空手を始めたのを機に「『日本オタク』になった」。日本史が好きで、17歳の時に日本語のスピーチコンテストで優勝した。埼玉県内の高校に1年間留学。帰国後は英国の大学で日本の差別の問題を研究した。卒業論文を書こうとした時、アイヌ民族を研究する指導教官から、ある資料を渡された。

「アヌタリアイヌ――われら人間」。１９７０年代にアイヌ民族の若者らが発行し、当時の社会問題などを伝えた同人誌的な新聞だ。編集責任者の佐々木昌雄さんがつづった創刊号の編集後記がウィンチェスターさんの心をつかんだ。

「人々がわたしたちを『アイヌ』と呼ぶ、その『アイヌ』という意味が、わたしたちの生き方を拘束している」「この状況としての『アイヌ』こそわたしたちの問題である」

ウィンチェスターさんは、差別を受けてきたアイヌ自身がアイヌと社会との関係性を見抜いた表現に「差別の核心を捉えている」と感じた。「アヌタリアイヌ」の研究をするため、2003年に一橋大学大学院に進学。在学中は東京都内のアイヌ料理店で多くのアイヌ民族と出会った。「差別を受けた体験やアイヌを巡る時代認識を聞き、アイヌの友達が増えていった」

そして博士論文を書き終えた08年秋、書店で手にした本を見てあぜんとした。「日本は単一民族国家」「誰をどうアイヌ民族と認めるのか」などとアイヌ民族の存在を否定していた。

「何だ、これ。アイデンティティーを勝手に押しつけるなんて、おかしいだろ。アイヌ民族の血を受け継ぐ人が自分自身で選ぶものなのに」。いら立ったが、「こんな考えが広まるはずはない」と侮っていた。

しかし、その後もアイヌ民族へのヘイトスピーチは街頭やインターネット上で増幅していった。14年には、当時の札幌市議が「アイヌ民族なんて、いまはもういない」とネット上に書き込む問題も起きた。

ヘイト抗議本

危機感を強めたウィンチェスターさんは神田外語大学の講師を務める傍ら、ヘイトスピーチに抗議するグループの一員となった。ネット上の民族差別をあおる発言に連日反論し、15年1月には文芸評論家やアイヌ民族らとの共著『アイヌ民族否定論に抗する』(河出書房新社)を発行した。

東京在住のアイヌ民族の新井かおりさんは「マークは私たちにとって、なくてはならない人。私たちと喜怒哀楽を共にし、同じ危機意識を持ってくれる」と語る。

心ない言葉の暴力はウィンチェスターさんに向かうこともある。「他人の国ではなく、自分の国に目を向けろ」「北海道開拓なんて大英帝国のやった植民地支配に比べればかわいいもんだ」。ウィンチェスターさんは「どうして今暮らしている社会を良くしようと、差別をなくす活動に関わってはいけないのか」と嘆く。

当面の目標は、人種差別撤廃条例の制定を札幌市など各地で実現することだ。「大切な友達を含めて人が差別されるのは単純に嫌だ。友達のため、そして私のためにも、差別のない未来像を描いていきたい」

第6部

アイヌと観光の未来を描く

胆振管内白老町に２０２０年、
民族共生象徴空間がオープンするのを前に、
アイヌ民族と観光の未来を描く人たちの動きを追います。

象徴空間

宝の布　象徴空間に

伝承と理解　両立探る

広葉樹オヒョウの皮を裂いた繊維をよった糸で緻密に織り上げた布地。紺色の木綿を縫い付けたアイヌ文様が美しい曲線を描く。

「文様は左右対称ではなく、自然界と同じゆらぎがある。まるで芸術品だ」。胆振管内白老町のアイヌ民族博物館の調査室で2017年12月上旬、札幌市のアイヌ服飾文様研究家津田命子《のぶこ》さん（72）は1枚のアットゥシ（樹皮衣）を前に息をのんだ。

このアットゥシは、文化庁が16年、東京の骨董《こっとう》商が入手したことを人づてに聞きつけ、イタ（木盆）やマキリ（小刀）などと合わせて650万円で購入した。同庁によると、これまで最古とされた18世紀末のアットゥシと文様や刺しゅう技術が酷似し、現存するものでは最古級という。研究者以外では今回、北海道新聞に初めて公開された。

文化庁はいま、さまざまなルートを使いアイヌ民族の文化財を集めている。18年3月に閉館した民間のアイヌ民族博物館跡地に建つ「国立アイヌ民族博物館」の20年4月の開館に向け、国内や海外の貴重な資料を目玉展示にする考えだ。

交易や略奪で散り散りになったアイヌ民族の宝がついに「里帰り」する。アイヌ文化復興の新たなページが開こうとしている。

最古級のアットゥシを含む資料の収集は、文化庁の国立アイヌ民族博物館設立準備室が15年度から進めてきた。骨董商からの購入のほか、全国の博物館などに借用や寄託を呼び掛けている。準備室の佐々木史郎主幹は「一級品を並べ、豊かで質の高いアイヌアートの世界を打ち

最古級のアットゥシを調べる津田命子さん（左から2人目）ら。国立アイヌ民族博物館の目玉展示になる予定だ

出したい」と意気込む。

20年4月に開設する民族共生象徴空間は、国立アイヌ民族博物館を中心に、民族舞踊を観覧できる体験交流ホール、伝統料理の調理実習ができる体験学習館などが併設され、年間来場者の目標は100万人。象徴空間の建設地にあったアイヌ民族博物館の年間入場者数は20万人程度で、5倍増を目指す計画だ。

「魅力もっと」

その象徴空間の在り方を巡り17年10月上旬、東京都内で開かれた政府のアイヌ政策推進会議の作業部会（非公開）で激論が交わされた。きっかけは委員の一人で、道内ホテル大手「鶴雅ホールディングス」の大西雅之社長が配った「象徴空間の方向性への提言」と題したA4判2枚の資料だった。

「アイヌ文化に深い関心を持つ人から、観光気分の人まで対象にした施設づくりを」「広い層に多様な楽しみを提供するエンターテインメント性が不可欠」

さらに大西氏は、先住民族文化を伝える施設として、年間300万人が来場するハワイ・オアフ島の観光施設

「ポリネシア文化センター」の動画を流し、伝統的な建築を生かした施設や店がにぎわっていることを紹介。白老の象徴空間の計画では、施設の設計が近代的で「テーマパーク的な雰囲気を出しづらい」と指摘し、再考を促した。

　アイヌ文化を観光の目玉にする釧路市阿寒湖温泉でホテルを運営してきた大西氏には、強い思いがあった。「アイヌ民族の誇りを回復するには、より多くの人に訪れてもらい、歴史や文化を理解してもらうことが必要。そのためには施設自体の魅力が欠かせない」

　これに対し、作業部会の研究者の委員は「人なんて集まらなくてもいい。象徴空間は、アイヌ民族の心のよりどころとなることが大事だ」などと大西氏の発言に否定的な見解を示した。

　背景には、アイヌ民族と観光を巡る複雑な経緯がある。北海道アイヌ協会の山丸和幸理事（白老町）は「戦前からの北海道観光において、アイヌ民族の踊りや儀式は、奇妙なもの、異質なものを見たいという好奇心を満たす存在だった」と説明。そして「アイヌが『見せ物』になることが差別や偏見を増幅させているとして、民族内から批判があった」と振り返る。

好奇の目　今も

　現在も観光に携わるアイヌ民族は、観光客から「どんな所に住んでいるの」「何を食べているの」と聞かれ、普段の生活を説明すると、「何だ」とつまらない顔をされることがあるという。アイヌ民族への理解が浸透していないことから、いまだに好奇の目にさらされる現状が残っている。

　伝統的な踊りや工芸の技術などは、観光客らが見に来ることで自立的な継承が可能になる側面もある。象徴空間は、観光施設としての魅力を持ちながら、アイヌ民族への理解を深めてもらう場になり得るか——。北海道大学アイヌ・先住民研究センターの佐々木利和客員教授は「過去の観光の反省点は、アイヌ民族と和人の間で深い

商業ゾーン

商業ゾーンに熱視線

象徴空間の建設が行われる白老町のポロト湖周辺。撮影当時は土地の造成中で、国立アイヌ民族博物館の建築は2018年から始まった（本社ヘリから）

意思疎通がなかった点だ。アイヌ民族自身が主体的に観光に関わり、和人側も敬意を持って接することが大切だ」と語る。

政府の構想では、象徴空間の意義について「アイヌの人々による歴史・伝統・文化等の継承・創造の拠点」とともに、「国内外の人々の理解を促進する拠点」と掲げる。「どちらか一つではない。二兎《にと》を追わなくてはいけない」と委員の一人。象徴空間開設に向け関係者の模索が続く。

「星野」も進出

かやぶき屋根の伝統的なチセ（家）が立ち並ぶ。通りを照らすのは、たいまつの優しい灯。レストランではアイヌ民族の食事を現代風に再現した料理が提供される。

チセの中では、木彫りや刺しゅうの実演が行われ、その場で土産品として買うことができる——。

アイヌ文化復興の拠点「民族共生象徴空間」が2020年にオープンする胆振管内白老町。JR白老駅と象徴空間を結ぶ道路沿いに、こんな「商業観光ゾーン」

象徴空間とJR白老駅の間に整備する「商業観光ゾーン」の予定地で、イメージ図を持つ熊谷会長（左端）ら白老町商工会関係者

が誕生する予定だ。政府が目標にする象徴空間の年間来場者は100万人。受け入れ地域の周辺開発としてこの800メートルの区間が整備され、にぎわい創出への期待がかかる。

「白老駅に降り立った観光客が象徴空間までの間を、わくわくしながら歩ける通りにしたい」。再開発計画を担う町商工会の熊谷威二《たけじ》会長はそう力を込めた。商業観光ゾーンには新たに「道の駅」や、周辺地域の情報を発信する「観光コンシェルジュ」を設置する構想もある。熊谷会長は「ここは白老の顔になる。町内のさまざまな業種や多様な立場の人たちが活躍できる場所を想定している」。

民間企業の動きも出てきた。商業観光ゾーンには、地元のホテル運営業者が100室程度の新たなホテル建設を計画する。アイヌ文化の要素を取り入れた外観や内装にする考えだ。

象徴空間が建設されるポロト湖周辺には、星野リゾート（長野県軽井沢町）がホテル建設を計画。地域の伝統や文化を取り入れた空間づくりが特長の「星野リゾート界《かい》」のホテルブランドを予定しており、道内初進出となる。アイヌ民族の伝統工芸などを内装に用いた部屋の設定も検討している。同社広報は「地域の魅力を生かし、住民とともに運営できるようにしていく」と話す。

白老は、1881年（明治14年）に明治天皇が立ち寄り、伝統儀式「イオマンテ」（熊の霊送り）や舞踊を見学したことで、アイヌ民族が住む地域として有名に。大正期には、白老駅南側に民芸品店などが並ぶ地区「シラオイコタン」ができ、観光客でにぎわった。1965年に自然と一体化した観光地区にしようと、コタンをポロト湖畔に移転。75年には民芸品店・土産物店が入る「民芸会館」が建設され、最盛期は50店以上が営業した。

そしてアイヌ民族博物館が84年にオープン。北海道観光のブームに乗り、最盛期の91年度には来場者が87万人に達した。その後は景気の衰退や団体客の減少などで来場者は徐々に減り、民芸品店も多くが閉店した。白老町は、象徴空間の開設を「まちが再び活気づくチャンス」と位置づけている。

共生のまちへ

まちづくりの方向性も変わろうとしている。2016年に策定した「『民族共生象徴空間』整備による白老町活性化推進プラン」の中で、「多文化共生のまちづくり」を重要項目に据えた。戸田安彦町長は「相手を尊重し、共に支え合い、誰もが豊かに生きていく多文化共生の精神をさらに押し出した施策を進める」と語る。

背景には、白老町がアイヌ文化の発信地として知られる一方、町民の多くはアイヌ文化と疎遠だったことがある。アイヌ文様刺しゅうサークルを20年以上主宰する岡田育子さん（68）は「アイヌ民族の話は、博物館関係者や文化伝承者の間に限られ、多くの町民にとって別世界だった」。町民がアイヌ文化を理解してこそ、観光客を迎える地域づくりができる――そうした思いがある。

理解を広める取り組みも始まった。さまざまな布を一つに縫い合わせて多文化共生のまちを表現する「みんなの心つなげる巨大パッチワークの会」が17年8月、町内に設立。アイヌ民族に関わりがなかった多くの町民が参加している。中心メンバーの岡田さんは感じる。「象徴空間開設はゴールでなくスタート地点。まずは地元でアイヌ民族への理解をさらに成熟させていく必要がある」

ユーカラ街道

魅力増へ周遊路開発

「拠点」は白老

年の瀬が迫る2017年12月下旬、一年の疲れを癒やす旅行者たちでにぎわう釧路市の阿寒湖温泉街。アイヌコタンにあるアイヌ料理店で、スーツ姿の男性ら10人がユクオハウ（シカ肉の汁物）を食べながら、アイデアを出し合っていた。

「食べる前にオンカミ（手を上下させ神々を敬う拝礼）をしてもらえば、アイヌ文化の奥深さを感じてもらえるのでは」「ただ食べるのではなく、食から精神文化を知りたい人もいる」

一行は、阿寒湖温泉や日高管内平取町など道内6地域のアイヌ民族関係団体や旅行会社、広告会社で構成する「アイヌ文化周遊ルートづくり協議会」のメンバー。道内各地のアイヌ文化や観光資源をつなぐ広域の周遊ルート「ユーカラ街道」づくりを目指し、阿寒湖温泉の視察に訪れた。

「各地がバラバラに点で発信していたアイヌ文化を、これからは『拠点』を中心に線として結んで発信したい」。ルートづくりを呼び掛けた阿寒アイヌ工芸協同組合の広野洋営業部次長（53）は、これまでにない取り組みに意欲を燃やす。

広野さんの言う「拠点」とは、20年に胆振管内白老町に開設される国の「民族共生象徴空間」だ。国は阿寒や平取などを広域関連区域に位置づけており、象徴空間はアイヌ文化の関心を全道へと波及させる「扇の要」の役割を担う。

周遊ルートづくり協議会のメンバーは、昨年5月から象徴空間開設を見据えて動きだした。17年11月には函館と平取、12月には札幌と阿寒を視察。翌18年1月中旬に

阿寒湖温泉のアイヌ料理店で、食文化の発信の仕方について語り合う「アイヌ文化周遊ルートづくり協議会」のメンバー

「ユーカラ街道」づくりを目指す6地域

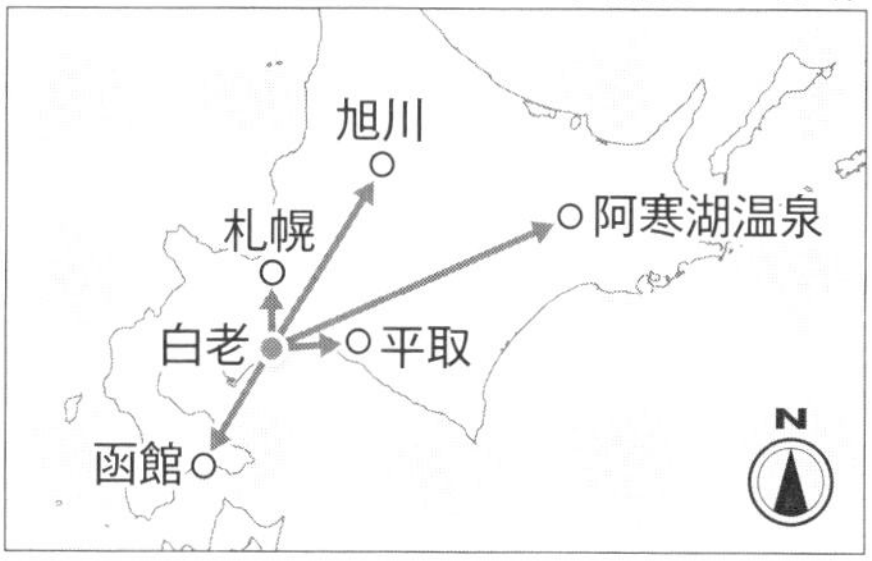

は旭川も回り今後、具体的なプランづくりを進める。
その重点の一つは、狩猟や衣装、伝統料理、宿泊などの体験プログラムだ。
「アイヌ民族の伝統的なチセ（家）に泊まってみたいけど、そういう場所をつくれますか」。協議会メンバーが平取町二風谷地区で行った視察では、地区のシンボルであるチセ群の活用への質問が相次いだ。
周遊ルートには、他の地区にはない、二風谷ならではの体験が重要との思いからだ。観光客を受け入れる側の平取アイヌ協会の木村英彦会長は、二風谷地区に旅行者と住民が交流するゲストハウスの建築が進んでいることを紹介した上で「新たな動きを応援していきたい」と期待を寄せた。

札幌の視察では、アイヌ民族の女性グループが作った「シケレペ」（キハダの実）を使ったケーキに着目。視察のアドバイザーを務め、地域のブランド化に詳しい仲野里美さん＝東京在住＝は「スイーツには都会的な札幌らしさがある。アイヌ文化に関心がない人も受け入れやすく、他地域にない魅力となりそう」。

函館の視察では、教会がアイヌ民族について記した文献の存在を紹介され、「埋もれた歴史を発信しよう」との声も上がった。

地域差に価値

ユーカラ街道の定着には、各地域の特色を浮かび上がらせ、磨きをかけることが重要課題だ。阿寒観光協会まちづくり推進機構で周遊ルートづくりを担当する森尾俊昭部長は「各地域の魅力が異なることで初めて、旅行者が周遊する動機になる」と強調する。

もともとアイヌ文化は方言や伝承、歴史など豊かな地域性がある。明治期以降の政府による同化政策や差別を受けた経緯から、その特色は薄れつつある。ユーカラ街道が定着すれば、再び各地の文化が復興し発展していくことにつながる。

ユーカラ街道を主導する秋辺日出男・阿寒アイヌ工芸協同組合専務理事は「観光とは、その土地でしか触れられない哲学や住民の思いに触れること」と力を込める。そして観光客誘致だけではない可能性を見いだしている。「各地域の特色を発信することは、自分たちの祖先が築き上げたものを引き継ぎ、伝えていくことそのものだ」

外国人客

外国人客　文化に関心

工芸品が人気

「このイクパスイ（捧酒べら）は舌の代わり。人の言葉は不完全なので、儀式ではこのへらを使い、神々に声を届けるのです」

２０１７年12月。うっすらと雪化粧した日高管内平取町の二風谷アイヌ文化博物館を、北欧やカナダからの見学者約10人が訪れた。一行は伝統衣装「アットゥシ」織りの工房など5カ所を1日かけて見学。博物館の関根健司学芸員補から儀式に使う道具の説明を聞くと、神妙な表情でうなずいた。スウェーデンから訪れたレーナ・フスさん（69）は「生きているアイヌ文化に触れられた」とほほ笑んだ。

訪日外国人の間で、アイヌ文化への関心が高まっている。札幌市中央区のホテルロイトン札幌の土産物店では、通年でアイヌ文様のグラスやアクセサリーなど約30点を販売。特に欧米からの旅行者に人気といい、１５００点近くを扱う土産物店の売り上げの約15％をアイヌ関連の商品が占める月もあるという。

このホテルでは5年ほど前から、外国人宿泊客が増える「さっぽろ雪まつり」に合わせ、アイヌ民族のトンコリ奏者を招いたロビーコンサートを毎朝開催。北海道ならではのアイヌ文化に親しんでもらう狙いだ。

新千歳空港のアイヌ工芸品専門店「アイヌモシリ新千歳店」では、昨年の売り上げが前年の1・5倍に増えた。欧米人らにアイヌ文様のタペストリーや木彫りのイタ（木の盆）などが売れているという。藤岡千代美店長は「高価でもアイヌ民族の精神性が深く反映したものを求める人が多い」と手応えを感じている。

20年4月に開設される「民族共生象徴空間」でも、外国人観光客を呼び込もうとしている。

国は17年10月から象徴空間に多くの来場者を招く調査事業を電通北海道（札幌）に委託。外国人客の誘致は重要項目の一つで、観光事業者への聞き取りなどを行い、3月までに対策をまとめる方針だ。

さらに国は新たな試みとして、アイヌ文化を紹介するネット広告を、1月下旬から動画サイト「ユーチューブ」などで国内外に配信する。反響を踏まえて、アジア、欧米など地域別の北海道観光のアピールに生かす考えだ。内閣官房アイヌ総合政策室北海道分室の佐藤久泰参事官は「数ある北海道の魅力の一つではなく、先住民族のアイヌが北海道の顔になる形にしたい」と強調する。

象徴空間の開設を前に、観光関係者が特に注目しているのが、先住民族に敬意を払い、精神性や歴史に思いをはせる旅行スタイルだ。1990年代から世界的に先住民族の権利回復に向けた動きが広がったことを受け、多様な観光のあり方が定着した欧米などで需要が高まっている。

「体験型」模索

道内の外国人客230万人のうち、欧米やオーストラ

木彫りのコースター作りを体験する北欧やカナダからの見学者たち。「繊細だけど、力強くて美しい」と感心していた

リアからの旅行者は約1割で、国は全国並みの2割に引き上げたい考え。電通北海道に委託した調査事業では、欧米をはじめとした旅行者向けに、アイヌ民族の精神性や信仰心などを感じられる体験プログラムも模索する。北大観光学高等研究センターの山村高淑《たかよし》教授は「アイヌ民族をより深く理解したい層に向けた発信を強化することは、文化伝承の面でも非常に重要」と指摘する。

17年9月、カナダに道や白老町関係者らの姿があった。道や北海道登別洞爺広域観光圏協議会などが主催した象徴空間のプロモーションだ。会場は満席で関心の高さをうかがわせた。会場からは「北海道に行きたいのではない。象徴空間に行きたい」との声も出た。

同行したアイヌ民族博物館の村木美幸専務は、外国人観光客が増えることに一つの可能性を感じている。「アイヌ側が発信するだけでは、民族を取り巻く環境は変わらない。他国の人たちがアイヌ文化の価値を認めてくれることで、日本国内でアイヌへの見方が変わり、結果的に文化への関心が高まることにつながる」

過去と今

批判ばねに「光」築く

「成り金」とも

胆振管内白老町で民芸品販売などを展開する「協業民芸」社長で、かつて白老観光商業協同組合理事長を務めた壬生《みぶ》龍之介さん（89）は、このまちでアイヌ民族と観光の歴史を見つめてきた。「観光は貧しさを克服する一つの手段だったが、これまでの私たちの活動は大きな意義があった」と語る。

全道から収集したシントコ（アイヌ民族の間で重宝されてきた木製の容器）を前に、「民芸品販売の利益は文化財の保存に活用してきた」と語る壬生さん

アイヌ民族の壬生さんは樺太（現サハリン）生まれ。戦後、両親の出身地の北海道に引き揚げ、1961年に北海道観光ブームで活況に沸いていた白老に移住した。町内の観光客が56万人に達した64年に会社を設立し、土産物として人気だった木彫りの熊を民芸品店が並ぶ「シラオイコタン」で売り始めた。

木彫りは独学で習得し、店頭で実演しながら販売。作品は飛ぶように売れ、「熊成り金」と言われることもあった。コタンは全国からの観光客でにぎわい、民族衣装のアイヌが記念撮影に応じたり、歌や踊りを披露したりしていたという。

しかし、こうした姿がアイヌ民族の内部から「文化を金もうけに利用するな」「アイヌを売り物にするのは恥だ」などと批判の的になった。壬生さんは「当時は、批判はもっともだと思った。だが生きるために必要だった」と振り返る。

世界的にも観光に携わる先住民族は、批判にさらされることがある。その生活や文化の異質性が観光の対象になる場合が多く、観光客の期待に応えようと、伝統的な姿を強調すればするほど異質さが際立ち、結果的に差別や偏見を助長する側面もあるからだ。

〈白老駅付近にアイヌの部落がある、いかに暑くても疲れても、蝦夷《えぞ》の土を踏んだからにはその珍物を見ざるべからず〉

これは1917年（大正6年）8月、白老町にあったアイヌ民族のコタン（集落）を紹介した全国紙の記事の一節だ。コタンの近くには「案内所」もあり、日常の暮らしぶりが観光の対象になっていたという。

これに対し、一部のアイヌ民族は「差別を助長する」として観光に携わる同族を「観光アイヌ」と蔑視した。昭和初期に活躍した後志管内余市町出身のアイヌ民族の歌人、違星北斗《いぼしほくと》（1901～29年）は作品で激しい批判を繰り返した。

〈芸術の誇りも持たず宗教の厳粛もない　アイヌの見せ物〉

博物館を開設

こうしたアイヌ民族内部からの批判や観光地としての盛衰の歴史と向き合ってきた白老。それが、民族自身の手で博物館をつくる原動力になったという。壬生さんら地元有志で白老民族文化伝承保存財団を設立し、84年に民間のアイヌ民族博物館を開設。民族の歴史や文化を広く理解してもらおうと立ち上がった。

壬生さんは「観光イコール見せ物と言う人もいるが、白老では観光で得た資金を使い、自分たちの力で文化伝承に取り組むことができた」と胸を張る。

白老で昭和初期に行われた伝統儀式イオマンテ（熊の霊送り）。かつての厳粛な儀式は観光客向けに行われることもあった（アイヌ民族博物館提供）

北海道大学アイヌ・先住民研究センターの山崎幸治准教授は「観光業に従事したアイヌ民族がいたからこそ、文化が受け継がれ、維持されてきた部分がある」と指摘。その一方で、観光客が求める民族のイメージに沿って文化を伝えてきた点も踏まえ、「これからは見せる側のアイヌ民族がより主体性を持って『自分たちはこうだ』と主張していくことが重要だ」と強調する。

国立アイヌ民族博物館を核とする象徴空間の開設によって、アイヌ民族の歴史や文化への理解がより深まることが期待される。壬生さんは「アイヌ民族を紹介する国立の博物館ができる日が来るなんて、想像していなかった」と感慨深げに語った後、目を輝かせた。「観光とは文字通り『光を観《み》る』ことを指す。私たちは地域の光でもある」

若者たちが伝える

文化伝承　若者が主導

工芸品を製作

２０１７年12月中旬、日高管内平取町の二風谷生活館に20～40代の男女８人が集まった。和気あいあいとした雰囲気の中、男性はアイヌ民族の伝統的な祭具トゥキ（酒杯）、女性は樹皮が原料の糸を編み込んだサラニプ（背負い袋）の製作に打ち込んでいた。

８人は平取アイヌ協会青年部のメンバーらで、５年ほど前からアイヌ文化振興・研究推進機構（アイヌ文化財団）の助成を受け、伝統工芸品の複製事業に取り組んでいる。青年部部長の宇南山嘉宣《うなやまよしのり》さん（41）は「アイヌの伝統文化をわれわれの世代が伝えていきたいと思った。

トゥキやサラニプを作りながら談笑する平取アイヌ協会青年部のメンバーたち

みんなで製作することで青年部の活動も活発になってきた」と語る。

二風谷地区は1970～80年代、北海道観光ブームで50軒近くの民芸品店が立ち並び、独特なアイヌ文化にひかれ、多くの観光客でにぎわった。今は民芸品店はわずか4軒で、伝統工芸などの後継者難の問題は切実だ。青年部の取り組みは、アイヌ文化の復興によって二風谷を観光地として再生させ、持続的な文化継承につなげたい思いがある。

青年部は伝統楽器を使った音楽イベントにも力を入れ、メンバーはこの5年余りで倍近くの約40人に増えた。これまで伝統文化に親しんでこなかった人を引き込む役割も果たしている。

半年前に青年部に入ったハンターの門別徳司《あつし》さん（35）は「気の合う仲間と取り組むのは楽しい」。町職員の長野いくみさん（33）も差別を受けた経験があり、かつてはアイヌ文化から「離れたい」と思っていたが、今は青年部の中心的なメンバーだ。「最近、社会全体のアイヌに対する見方が変わってきて、誇りを持って文化伝承活動ができるようになってきた」と話す。

明治期以降の政府による同化政策によって、アイヌ文化は壊滅的な状態に陥った。その後もアイヌ民族への偏見や差別の影響で文化を伝えようとする人は減り、伝承活動は衰退を余儀なくされた。一部の家庭やアイヌ文化の継承に取り組む地域などで、地道に受け継がれてきた。

アイヌ文化が危機にひんしていた1997年にアイヌ文化振興法が制定され、アイヌ文化財団は工芸品展やアイヌ語講座など多様な事業を展開し復興への足がかりになった。道内各地からは「伝統儀式を行える人材がいなくなった」などの声もあり、08年度からは胆振管内白老町のアイヌ民族博物館を拠点に担い手育成事業が始まった。

後輩育成に力

育成事業はアイヌ民族の若者らが3年間かけて儀礼や動植物の利用法も含め文化全般を集中的に学ぶ場で、17年3月まで3期計15人が育った。それぞれの地元に戻ってリーダーとして後輩の育成にあたることが期待され、今も4期生4人が学んでいる。

アイヌ文化復興を掲げる政府は、新年度予算案に担い手育成事業の規模拡充の調査費を盛り込んだ。平取町や釧路市阿寒湖温泉では、事業の先行実施も視野に入れている。

札幌大学にアイヌ文化の担い手を育てるウレシパクラブを創設した本田優子教授は「人材育成に向けさまざまなアプローチが確保されるのは、文化伝承者の裾野を広げることになる」と評価する。

二風谷民芸組合代表の貝沢守さん（52）は「平取の若いアイヌが仕事をしながら担い手育成事業に取り組めるようになれば、今まで以上にしっかりとした文化伝承が可能になる。そこで伝統工芸などで自立した人材が育ち、二風谷が活気を取り戻してくれれば」。

観光地としてにぎわいが戻る二風谷。アイヌの若者たちが生き生きと働く。そして伝統工芸が受け継がれていく――。そんな姿を思い描いている。

［番外編］

2020年「象徴空間」オープン アイヌ民族と観光 展望は

誇り持ち文化伝承＊野本館長
若者の教育の場に＊本田教授
経済的自立の契機＊大西社長

アイヌ文化復興の拠点「民族共生象徴空間」が2020年4月、胆振管内白老町にオープンする。政府は年間入場者の目標を100万人とし、多くの観光客の来場を見込む。アイヌ民族と北海道観光の未来は今後、どう描いていけばいいのか。アイヌ民族博物館（白老町）の野本正博館長、札幌大学にアイヌ文化の担い手を育てるウレシパクラブを創設した本田優子教授、道内ホテル大手「鶴雅ホールディングス」（釧路市阿寒湖温泉）の大西雅之社長に、語り合ってもらった。

アイヌ民族博物館
野本正博館長

のもと・まさひろ
1963年胆振管内白老町生まれ。北海道日大高（現・北海道栄高）卒。85年からアイヌ民族博物館職員となり、学芸課長などを経て、2012年から現職。

――アイヌ民族と観光の関係について、どのように考えていますか。

◉野本　1984年にオープンしたアイヌ民族博物館はポロトコタン（アイヌ語で大きい湖の集落）として50年以上営業してきました。アイヌ民族が主体となって運営する民間の施設で、道内外のツアー客らを招き、伝統舞踊の披露やアイヌ料理の体験などを通じて文化を伝えてきました。

アイヌ民族の中からは「アイヌ文

札幌大学
本田優子教授

ほんだ・ゆうこ
1957年金沢市生まれ。2005年から札幌大学で、文化学部長や副学長を歴任。

化を観光に利用している」との批判はありましたが、自分たちの資源を有効に活用しながら経済活動を行い、文化の発展に寄与してきたと考えています。文化を伝承するこの仕事に誇りを持っています。

❖**本田**　アイヌ民族博物館は年間87万人（91年）の観光客が来場していた当時、道内各地からアイヌ民族の古老の方々に来てもらい、学芸員が聞き取りをして膨大な音声資料を残しました。今のアイヌ文化研究と伝承活動の基礎を築いたのです。たくさんの観光客を相手にヘトヘトになりながらも、財政的基盤を築くことによってアイヌ民族の雇用の場をつくり、後世に残す資料を蓄積したのは本当にすごいことです。そこを深く認識すべきです。

★**大西**　観光地の阿寒湖温泉では「まりも祭り」が毎年秋に開かれ、全国からアイヌ民族が集まります。各地の伝統舞踊や歌が披露され、多彩なアイヌ文化を感じることができます。アイヌ民族がいたからこそ、今の北海道観光は奥行きが出ているし、今後どれほど深まるか楽しみです。

最近は自然体験型観光「アドベンチャーツーリズム」（A・T）が欧米を中心に世界中で評価されています。それを構成する要素は①大自然②自然を活用したアクティビティー（遊び）③異文化交流――の三つです。昨年9月、阿寒を訪れたA・Tの国際組織の代表者らは「阿寒は癒やしの自然であり、アイヌ文化があることが何よりも特筆すべき存在だ」と評価していました。世界の最先端の観光は、先住民族文化を真正面からとらえようとしているのです。

――みなさんは象徴空間の検討に助言役などで関わっていますが、その果たす役割についてはどう考えますか。
★**大西**　象徴空間開設を機に、そこに携わるアイヌ民族が経済的に自立することが大切だと思っています。象徴空間は国の施設ですが、最終的にはアイヌ民族がしっかりと運営をしていくことを考えるべきです。
　国立の施設である以上、そこで披露する伝統舞踊には圧倒的なスケールが求められます。数十人の踊り手が必要だと思いますが、国は全員の収入まで面倒を見てくれないかもしれません。そこで象徴空間ではしっかりと入場料を徴収し、それに値するレベルでのパフォーマンスを続けることが必要だと思うのです。

鶴雅ホールディングス
大西雅之社長

おおにし・まさゆき
1955年釧路市生まれ。東大経済学部卒業後、三井信託銀行に勤務し、89年に阿寒グランドホテル（現・あかん遊久の里　鶴雅）の社長に就任。

❖**本田**　象徴空間はアイヌ民族の若者が育つ教育の場になってほしい。アイヌ文化伝承者の育成は集中的に行うべきで、その拠点の一つが象徴空間になると思っています。アイヌ文化をきちんと理解している若者が育てば、将来的にビジネスに発展するし、白老のまちも変わっていくはずです。アイヌ文化が壊滅的な打撃を受けたのは過去の政府による同化政策の影響なのだから、復興もまた国の責任において進めるべきです。
◉**野本**　日高管内平取町や阿寒など他の地域でアイヌ文化を伝承している人たちから「（象徴空間開設による効果が）白老で完結しては困る」との声を聞きますが、そんなことにはなりません。国は象徴空間を「全国的ネットワークの拠点」と位置づけており、白老だけではなく各地のアイヌ文化を紹介します。道内各地のより個性的なアイヌ文化を知るための「入り口」の役割を果たすことになるのではないでしょうか。
――北海道に象徴空間ができる意義についてはどう考えますか。
◉**野本**　象徴空間の年間来場者目標100万人の中で50万人は道民となるべきです。アイヌ文化の復興は、まずは道民の意識改革からだと思います。

　道民一人一人がちゃんと北海道にあるアイヌ文化を理解して、自分の友人たちに伝えられるようにすることが第一です。道内ではアイヌ文化に触れる機会が多いのに、アイヌ文化に対する理解度が低いと感じています。北海道にこれだけ豊かな自然が残っているのは、アイヌ民族と自然との共生があったからなのです。北海道が誇る文化はアイヌ文化であり、その土地の特徴であることを道民が知るべきです。

❖**本田**　ある学生から「先生はアイヌ民族の側からみた歴史ばかりを強調するけれど、北海道開拓の歴史は評価しなくて良いのですか」と聞かれたことがあります。私は「もちろん評価してますよ。でも、そのはるか前から続くアイヌ民族の歴史や文化を踏まえた上で開拓の歴史を理解して初めて、この土地に根っこをはり、真の道民となることができる」と答えました。

アイヌ民族と観光の未来について語り合う（左から）大西雅之氏と本田優子氏、野本正博氏

　開拓の歴史を考えるだけでは、和人はこの土地の主人公になれません。歴史を学び、アイヌ文化を尊敬することによってこの土地の人になれる。みんながそう認識してこそ、「北海道」は本当の意味で自らを肯定できるはずです。象徴空間は、そうした「気づき」を与える場にしていきたいです。

★**大西**　象徴空間をはじめ北海道を訪れた人には、先住民族アイヌの英知に触れて、人生を見つめ直す機会にしてほしいですね。

　アイヌ民族の世界観について「自然との共生」と言われていますが、もっと具体的に伝えていくべきだと思います。例えば、山でキノコを採る際、ビニール袋では持ち帰らず、編み袋に入れて、その隙間から菌を落としながら帰ることで、根絶やしにしないという発想があります。そういう物語を伝えていくことが共感を呼ぶはずです。

❖本田　伝え方は最新のITやエンターテインメントを利用すべきだと思います。わくわく感もありながら、神に感謝する世界観やアイヌの伝統的生活の中で受け継がれてきた技が伝えられたらすてきです。

◉野本　象徴空間には多くの人に来てもらうことが大切です。象徴空間に、江戸時代にアイヌと和人が物々交換をした「交易所」を設けると有意義ではないでしょうか。交易こそアイヌ文化の大きな特徴です。かつての伝統文化を現代に置き換える形で体験できる施設なんて、考えるだけで面白そうですよね。

★大西　象徴空間周辺には、アイヌ民族と触れ合う旅ができる宿をつくってほしいと思っています。白老町内には宿泊施設が足りません。すてきな宿が数軒でき、いろりを囲んでアイヌ民族の物語を聞けるようになれば、白老の観光は変わっていくはずです。

――これからの北海道における「アイヌと観光」の目指すべき姿とは何でしょうか。

◉野本　「私たちに会いに来てください」。象徴空間をはじめ、今後の観光のテーマとして、この言葉を明確に掲げるべきだと提案したいと思います。私たちとはアイヌ民族のことで、象徴空間の主人公でもあります。私たち自身がきちんとアイヌ文化を誇りを持って伝えていける環境をつくっていきたいです。

❖本田　大地が人を生み、人が文化をつくる。この大地が生みだし、育んだ文化はアイヌ文化なんです。アイヌ文化を軸とすることで、北海道は地球上でここにしかない唯一無二の魅力的な土地になります。

★大西　「アイヌと観光」をタブー視することは過去のことです。この地の文化に誇りを持ち、多くの人に伝えたいとの思いが込められた「私たちに会いに北海道に来てください」というメッセージこそ後押ししていきたいです。1万4千年以上前から脈々と続く縄文からアイヌ民族への悠久の歴史こそ世界に誇るべきものです。

「民族共生象徴空間」とは
文化と歴史紹介 体験交流も

アイヌ文化復興の拠点「民族共生象徴空間」は、政府が2008年にアイヌ民族を先住民族と認めたことを受け設置した有識者懇談会が09年、開設を提言した。政府は14年6月に象徴空間に関する基本方針を閣議決定した。

「国立アイヌ民族博物館」の外観のイメージ図

胆振管内白老町のポロト湖畔に、東北以北で初の国立博物館となる「国立アイヌ民族博物館」と、体験交流ホールや伝統的コタンなどを備えた「国立民族共生公園」を整備。高台には、各大学などが保管する身元不明のアイヌ民族の遺骨を集める「慰霊施設」を設ける。

博物館は地上2階（一部3階）建て、延べ床面積は約8600平方メートル。基本展示室では「世界（信仰）」「くらし」「歴史」「しごと」「交流」「ことば」の六つのテーマに沿ったブースを設ける。中央部分に各テーマの代表的な資料を集めた「プラザ」をつくり、アイヌ民族の文化、歴史を一体的に紹介する。

民族共生公園は敷地面積約9・6ヘクタール。民族舞踊などを披露する体験交流ホール、伝統料理の調理実習などができる体験学習館、民工芸品の制作体験を行う工房、伝統舞踊で来園者を迎える円形のチキサニ広場などを整備する。入り口部分のエントランス棟には飲食や物販の機能を持たせる。

慰霊施設は、湖畔東側の太平洋を眺望できる約4・5ヘクタールの高台に整備。約2500の遺骨箱を収納する納骨室を確保し、民族の祈りの儀式で用いるイクパスイ（捧酒べら）をモチーフにした高さ30メートルの鉄骨製の塔も建築した。

総事業費は100億円超に上ると見込まれている。公益財団法人「アイヌ文化振興・研究推進機構」（札幌）が運営主体となる。

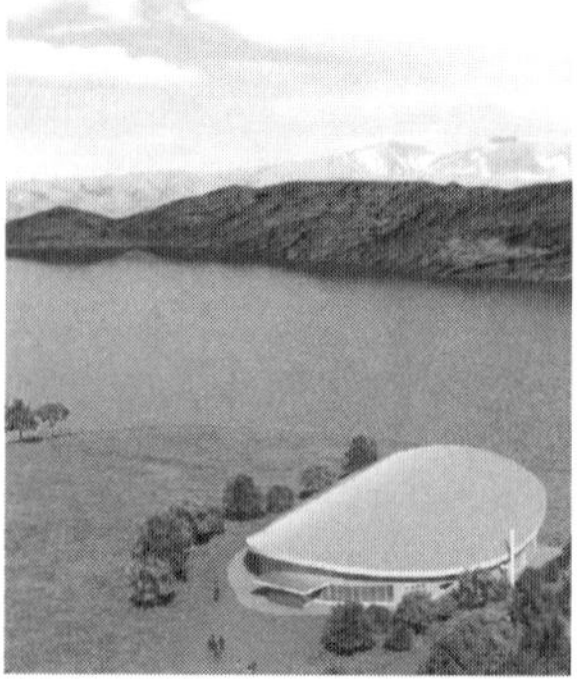

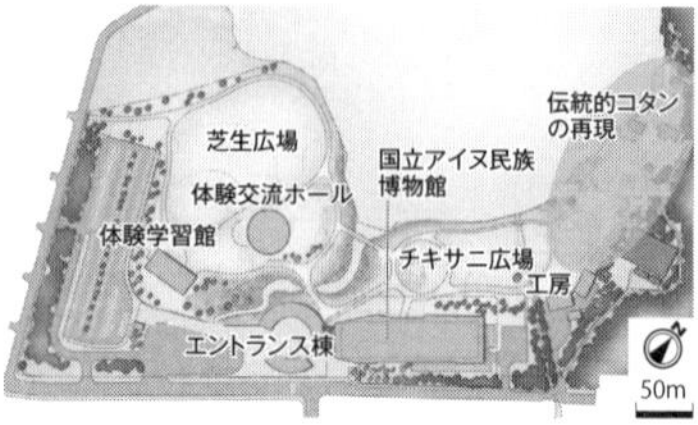

（上）ポロト湖畔に建設される体験交流ホールのイメージ図（右）「国立民族共生公園」の施設配置計画

第7部

首都圏でアイヌとして生きる

アイヌ民族は北海道内だけではなく、
道外でも暮らしています。
首都圏で暮らすアイヌの思いを探ります。

心の傷　妻が癒やした

佐藤　誠さん

親子3人で文化学ぶ

「アㇻワンパ　クネ（私は7歳です）。チバ　オロ　ワクエク（千葉から来ました）」

2017年12月、千歳市で開かれたアイヌ語の弁論大会「イタカンロー」。道内外の小中学生13人が出場した子どもの部で、千葉県八街《やちまた》市の会社員佐藤誠さん（43）、佳子さん（52）夫妻の長女で、初出場の千愛《ちあ》さん（小学1年）が最優秀賞に輝いた。

アイヌ民族に伝わるウチャラパクテ（早口言葉）の一つ「コンル　カ　タ（氷の上で）」に挑戦。「コンル（氷）」や「チュプ（太陽）」など日本語訳を書いた画用紙を掲げながら、紙芝居のように披露した。約3分間の独演に、聴衆から大きな拍手が起きた。

その様子を会場の片隅で見守っていた誠さんの目から涙が止まらなかった。

「自分が避けてきたアイヌの世界で、娘が輝いているなんて」

千歳市出身の誠さんは幼い頃からずっと、アイヌ民族の血を引くことを嫌がってきた。その、いてついた心を解かしてくれたのは、千葉県出身の佳子さんだった。

誠さんは父親がアイヌ民族の血を引いており、祖母からアイヌ語の子守歌を聞かされて育った。

小学校高学年になって、すれ違った他校の児童から「あ、イヌだ」と言われたことをきっかけに、アイヌの血を引くことへの抵抗感を感じるようになった。中学時代にも差別的な言葉を掛けられ、自ら出自について語ることはなくなった。

苫小牧市の運送会社でトラック運転手をしていた08年。配送先の千葉県の工場で荷物を受け取っていたの

アイヌ民族に伝わる早口言葉を披露する佐藤千愛さん＝ 2017 年12月、千歳市民文化センター（提供写真）

千葉県八街市の自宅で長女の千愛さんと一緒にアイヌ語を勉強する佐藤誠さんと妻の佳子さん。部屋のあちこちにアイヌの民芸品が飾られている

が、妻の佳子さん（52）だった。メールアドレスを交換し、たわいもないやりとりをするようになり、2人で会うようになった。

「誇り持って」

結婚を意識した誠さんは思い切って「アイヌのことを知ってるかい」と聞いた。千葉県で生まれ育った佳子さんは「聞いたことはあるけど、ほとんど知らないよ」と答えた。誠さんは「俺、アイヌなんだ」と告白したが、佳子さんは「だから？」と返すだけだった。

結婚を決めた誠さんは09年3月に北海道を離れ、妻の住まいの近くの八街市の会社で溶接工として働き始めた。八街市は外国人労働者が多く、容姿を気にしてきた誠さんにとって「気持ちの上で楽だった」。

それでも、アイヌ民族の血を引くことで受けた心の傷は癒えてはいなかった。結婚後に佳子さんがアイヌ文化について聞くと、誠さんは途端に機嫌が悪くなった。「おまえは何も知らない。この立場の人間にしか分からないんだ」。千愛さんが生まれた時には「こんな血を受け継がせてしまった」と漏らした。

佳子さんは、そんな誠さんに「何言っているの」と感情を爆発させた。「もっと自分に誇りを持って生きて。そんなに、かたくなにならなくていいじゃない」。同時に誠さんの態度が異様に映り「この心の闇は何なのか」と疑問を抱いた。

佳子さんはインターネットなどでアイヌ民族について調べた。明治期以降の同化政策や差別の歴史について知り心を痛めるとともに、アイヌ民族の衣服を見て「わあ、きれい。こんな素晴らしい文化を嫌うなんておかしい」と感じた。

佳子さんはネット通販でアイヌ文様の刺しゅうの本を購入し、家族が寝静まってから千愛さん用に民族衣装を縫った。民芸品も少しずつ買い、家の中に飾るようになった。友人が来ると、誠さんの出自を伝えた。友人は決まって「へえ。かっこいい」と言った。誠さんは「北海道にいた時のトラウマが少しずつなくなっていった」と振り返る。

闘病しながら

16年に胆振管内白老町のアイヌ民族博物館に行くと、千愛さんは伝統舞踊に見入った。「私も踊ってみたい」。誠さんは「心の中の壁はもうなくなった。嫁さんのおかげ。本当に感謝しかない」。翌17年4月からは、東京駅近くのアイヌ文化交流センターで月2回行われるアイヌ語教室に家族3人で通い始めた。

そんな新たなスタートを切った翌月。誠さんは体調を崩した。大腸がんだった。肝臓や肺にも転移し、進行度は5段階で最も重いステージ4。「なんで俺が」——。動揺する誠さんの様子を見た佳子さんは、釧路市阿寒湖温泉や日高管内平取町などアイヌ文化の観光地を巡る旅を提案した。がん告知から半月もしないうちに3人で実行した。

誠さんは「アイヌ文化からパワーをもらった気がする」。帰った翌日から抗がん剤治療が始まった。「アイヌ文化を覚えながら成長していく娘を見続けたいんだ」。3人でなら、どんな困難も乗り越えられると信じている。

ルーツ そっと洋服に

東元大介さん

「自然が一番」

最先端のファッションを発信する高級ブランドが立ち並ぶ東京・表参道。裏通りに入ると、おしゃれな若者向けの個性的な店が点在し、全国から注目される「裏原宿」というエリアが広がる。「スルクカフェ」は、その一角に店を構える。

ヒップホップ系のファッションを扱い、店内にはTシャツやキャップ、バッグ、スマートフォンケースなどが並ぶ。

オリジナル商品につくロゴ「SURKU」の文字は、アイヌ文様に特徴的な「モレウ（渦巻き）」や「アイウシ（とげ）」の要素を取り入れたデザインになっている。

「スルクはアイヌ語で『毒』だけど、『植物の根』という意味もある。20年間働いたこの原宿という土地に根を張り、良い実を育てたいとの意味を込めたんだ」。スルクカフェを経営する東元大介さん（40）は、そう説明する。

店名がアイヌ語だということに気付く客はほとんどいない。オリジナル商品のアイヌ文様のデザインも、さりげなくあしらわれている。「何かを過大に叫ぶのではなく、自然に伝わるのが一番いい」。独特な文様に気付いた客に説明すると、「いろんな意味が込められていて面白い」との反応が返ってくることもある。

東元さんは帯広で生まれた。母親がアイヌ民族で、父親は和人。ヒッピー文化が好きな父親が有機野菜の販売をしたいと4歳で東京に引っ越した。アイヌ民族の血を引くことを周囲にからかわれても、気にしないで過ごした。

父親から「おまえには自然を敬う民族の血が流れている。ルーツに興味を持て」と言われたことがあったが、「今

「多少面倒なことでもやり続ければ、人に何かを分け与えることができるようになる」。東元さんはスルㇰカフェの店内で、そんなことを言った

の時代に関係ないだろ」と聞き流した。

友人らの影響でヒップホップやラップなど米国の黒人文化に興味を持ち始め、高校中退後には原宿のストリートファッションの専門店で働きだした。民族に関することに関心はなかった。

変化が生じたのは30歳。長男が誕生した時だ。「子どもに対して何か伝えられることはないか。自分のアイデンティティーをもっと知って伝えてみたい」。自分の中でアイヌを探す旅が始まった。

その頃、東京で開かれた自然環境について考える音楽イベントに行った時、アイヌ文様の衣装を着ている女性がいた。吸い寄せられるように話しかけていた。「お姉ちゃん。アイヌでしょ。俺もだよ」。その女性は、首都圏のアイヌ民族の若者たちによるパフォーマンスグループ「アイヌ・レブルズ」のメンバーだった。

裏原宿に開店

レブルズは2006年夏に「楽しくて格好いいアイヌ文化を発信しよう」と発足。民族衣装でヒップホップやロック調のリズムに合わせて踊る姿が国内外のメディアに取り上げられた。東元さんも「どんな社会でもアイヌと言える生き方をしよう」と共感し、レブルズに参加。DJや踊り手として活動した。

レブルズは10年に解散。その活動を通じて、東元さんは「俺にできることはやっぱり洋服。だけど、そこにルーツの一部であるアイヌらしさを自然な形で入れていきたい」との感情が芽生えた。12年にスㇽクカフェを開店。オリジナル商品のデザインには、その思いを込めた。

最初の3年間は無休で働き、新商品のデザインや接客をこなした。競争が激しい裏原宿の一等地で5年以上経営を続け、従業員6人を抱える店になった。東元さんは忙しい日々を送る中で、年に1回、アイヌ語の集中講義を受けるために北海道を訪れている。

「俺はまだアイヌ文化を語ることはできない。大事にしているからこそ勉強中。少しずつ、自分の中に入れていきたい」。あくまでも、さりげなく。

脚本に託す 今の思い

石川美香穂さん

血隠した祖母

作家「アイヌ語話せる人って、どのくらいいる?」
アイヌ文化伝承者「まわりでは10人…くらいは」
作家「じゃあ、いないと一緒だ。普通それは、いないっていうよ」
アイヌ文化伝承者「いますいます。すごーくわかりにくいですけど、アイヌはちゃんといます」
胆振管内白老町の観光施設に勤める若手のアイヌ文化伝承者を主人公にした1冊の脚本がある。作者は東京都

「アイヌ文化には日本社会に訴える何かがある。それを今考えたい」。東京駅の前で石川さんはそう語る

練馬区の脚本家、石川美香穂さん（44）。1年前に書いたが、どこにも公開しておらず、「自分自身のための脚本」だという。

タイトルは「迷信」。白老を訪れた首都圏在住の作家が「アイヌはもういない」などと雑誌に書いたのに対し、若手伝承者が「僕たちの姿を見てほしい」と祈りの儀式へ招待する内容だ。石川さんは「今まで手がけた脚本の中で最も難易度が高かった。書き上げた時は喜びよりもつらさばかりが残った」と振り返る。

石川さんは根室市で生まれ育った。高校2年の夏、父方の祖母タキさんが亡くなった。葬式後の親戚の大人たちが集まった席で、その中の一人が「ばあちゃんはアイヌだ」と明かしたことを後で聞いた。別の一人が「このことは、あまり周囲に言うな」と言っていたことも。タキさんのことが大好きだった石川さんは「どう受け止めたらいいのか」と戸惑った。

タキさんは歯舞群島の志発島《しぼつとう》出身。小さい頃にタキさんから「ブドウヅルの外皮で靴をつくったことがある」と聞いた記憶がある。それがアイヌ民族伝統の技術だと知ったのは、ずいぶん後のことだった。

石川さんは読書が好きで、高校卒業後、首都圏の映画専門学校に入り脚本制作を学んだ。

2年の時、根室を舞台にした作品「海と桜」で脚本家の登竜門である「城戸賞」を当時最年少で受賞。その後、映画監督の夫と結婚して育児のかたわら多くの脚本を書き、10本が映画・映像化された。

２０１４年にアイヌ民族に関する本の編集を手伝ったことが、自らのルーツを考えるきっかけになった。歴史や文化を学ぶ中で先祖たちの苛酷な歴史に心を痛めた。同時に「アイヌ民族はもういない」と主張する民族否定論者の本も読んだ。「アイヌの血を隠した祖母のような人もいる。いるのか、いないのか。問いだす人がいてもおかしくはない」。心にもやもやとした感情が生じた。

半年間かけて

道内各地を訪れ、アイヌ文化伝承者と会った。登別市の「知里幸恵　銀のしずく記念館」館長だった横山むつみさん（故人）からは、ルーツと向き合おうとする石川さんに「おばあさんは喜んでいると思う。真剣に悩みながら歩む姿勢こそ大切」と励まされた。

16年夏には日高管内浦河町で行われたアイヌ民族の遺

骨の埋葬儀式を見て、石川さんは素直に思った。「アイヌの存在は明らか。同化政策や差別を受けていることで、見えにくくなっていることをもっと知ってほしい」。アイヌ民族の今を見つめた自分の思いを整理しようと思い、半年間かけて書いた脚本が「迷信」だった。

「強い者が見る夢は光になり、弱い者が見る夢は迷信になる」――。石川さんは脚本の主人公のアイヌ文化伝承者に、そう語らせた。アイヌ民族否定論やヘイトスピーチがわき起こる今の時代を、それをあおったり見て見ぬふりをしたりする人もいる日本社会の弱さを、自らの言葉で表現した。

石川さんは今、東京のアイヌ文化交流センターのアイヌ語教室や刺しゅう教室に通い、首都圏に暮らすアイヌ民族と交流している。「日本社会とアイヌ民族とをつなぐ橋の一つになれたらいいな」

自分のこと。アイヌのこと。映画化に向けた脚本を書く日がいつか来るかもしれない。

「若い仲間」心の支え

宇佐恵美さん

歴史は50年超

2018年1月下旬、東京駅八重洲口から徒歩3分ほどのビルに入居する「アイヌ文化交流センター」（アイヌ文化振興・研究推進機構が運営）の一室。首都圏に住むアイヌ民族と和人の交流団体「ペウレ・ウタリの会」の毎月恒例の会合があった。

ウタリ（みんなで）オプンパレワ（立ち上がって）

リムセレーヤン（踊りましょう）　ハーホーオイヨー（掛け声）

4歳から40代の男女約20人がアイヌ民族の歌や踊りの練習に励む。アイヌ語でペウレは「若い」、ウタリは「仲間」の意味だ。同会事務局の宇佐恵美さん（41）は「いつも和気あいあいとしている。ここに来てみんな気持ちを解放させているんです」と笑顔で語る。

ペウレ・ウタリの会は1964年夏、東京の大学生とアイヌ民族の若者が釧路市阿寒湖温泉で出会ったのをきっかけに、友情を深めていこうと東京で結成された。

一時的に休止したこともあったが、各種イベントで歌や踊りを披露し、首都圏を中心にアイヌ文化を発信してきた。首都圏のアイヌ関連の親睦団体では、最も歴史が古いという。

現在の会員は60人で、4割がアイヌ民族だ。宇佐さんの母親で会長の石川洋子さんは中学卒業後に帯広から上京し、知人に誘われて入会した。「ペウレの会に毎月来て、みんなの顔を見るのが楽しみ。私にとって心の支えでもある」

娘の宇佐さんは子供の頃、石川さんに連れられて例会に行くことがあった。当時はアイヌ文化への関心が低く、

ペウレ・ウタリの会の例会で伝統舞踊の練習に励む宇佐恵美さん（右）たち。「母たちが大切にしてきたこの会をいつまでも続けたい」

踊りには参加しなかった。大人になっても「アイヌ文化は北海道の特徴の一つという程度にしか思っていなかった」。

2009年秋、飲食店の仕事をしていた宇佐さんが、石川さんの付き添いで道内の民族関連のイベントに参加した時だった。ペウレ・ウタリの会の女性から「一緒にどう」と民族衣装を着るように促された。「私、何もしていないのに」。戸惑いながらも「それまでの傍観者から、仲間に入れてもらった気がしてうれしかった」。

宇佐さんは例会に参加するようになり、「自分のルーツを感じることができる」と歌や踊りを次々と学んだ。明治期以降の政府による同化政策や差別の歴史についても勉強し、「もし私たちがここで何も知らないままなら、同化政策が成功してしまいかねない」との危機感も覚えた。

共生の道模索

ペウレ・ウタリの会は会員の6割が和人だ。50年前から所属する谷口滋副会長（69）は「アイヌ民族と和人、さらには沖縄など多様な立場の人たちが、互いの思いや事情を尊重して活動する場。違いを認め合い、共生の道を模索し続けることに会の存在意義はある」。単にアイヌ文化を学ぶだけではなく自分自身について考える機会にもなっている。「和人の会員からは自分のルーツを再認識したという感想もある」という。

1月下旬の例会後に開かれた宴席。宇佐さんは首都圏で踊りを披露した際、来場者から「どこから来たの」と聞かれて「東京です」と答えると、「なんだ北海道じゃないんだ」と落胆されたことを話した。「アイヌの血を受け継いでいると伝えても、認められていないようでつらい」

政府は08年にアイヌ民族を先住民族と認めたが、首都圏でその存在は理解されているとは言い難い。「アイヌ民族っているの」と口にする人も多い。

宇佐さんは「とにかく首都圏にもアイヌがいるということを知ってほしい。いや首都圏だけでなく日本中、世界中にアイヌはいるんです」。

［番外編］

ウタリの「家」集う笑顔 ＊ 東京の料理店「ハルコロ」

祖母と母から思い継ぐ

首都圏で暮らす人たちの思いを伝える第7部の番外編として、アイヌ民族の心のよりどころとなっている東京都内の料理店や文化伝承活動の拠点などを紹介する。

韓国料理やインド料理など各国の料理店が軒を連ね、外国語があちこちで飛び交う東京・新大久保。JR山手線の駅から3分ほど歩いたところに、アイヌ料理店「ハルコロ」はある。

店名はアイヌ語で「食べ物が豊富で困らない」という意味だ。入り口のドアにはアイヌ文様が大きく描かれ、店内に入るとイナウ（木幣）やチタラペ（ござ）が飾られている。壁には東京都内のアイヌ関連イベントのポスターが所狭しと貼られている。オハウ（汁物）やラタシケプ（野菜の混ぜ煮）などの定番メニューのほか、民族伝統の食材であるオオウバユリの根の天ぷらなどが人気だ。

経営する宇佐照代さん（46）は10歳の時、母ときょうだい4人とともに釧路から東京へ引っ越してきた。「ハルコロはアイヌ文化を発信すると同時に、首都圏で暮らすアイヌの心のよりどころになるという役割がある。祖母と母から、そんな思いを継いでいるから」

首都圏で散り散りになっている仲間が気兼ねなく語り合える場をつくろう――。宇佐さんの祖母、故西村ハツエさんは、そんな思いから1983年に発足した「レラの会」の初代会長に就いた。作家の故井上

ハルコロで談笑する（手前左から）島田あけみさん、宇佐照代さん、大空ひとみさん

ハルコロは約 20 席。平日が午前 11 時半～午後2時、午後5時～午前0時。土日は午後5時～午前0時。定休日は木曜日。東京都新宿区百人町1の10の1。
問い合わせは（☎）03・3368・4677へ。

ひさしさんらの協力も得ながら募金活動を展開。体調を崩した西村さんの思いを継いだ友人たちが、94年に新宿区西早稲田にアイヌ料理店「レラ・チセ（風の家）」を開業した。

照代さんは母のタミエさんとともにレラ・チセの運営に関わり、2000年に中野区に移転してからも長らく店で働いた。09年に経営難で惜しまれながら閉店。照代さんは「このまま、やめてしまっていいのか」と危機感を募らせ、11年5月に「再開」したのがハルコロだった。

照代さんは夫とともに、母のタミエさんからアイヌ料理の作り方を教わりながら、店を切り盛りした。開店直後の11年6月、タミエさんが脳梗塞で急逝。周囲からは「どうせ1年も持たない」と言われたこともあったが、休まずに働き続け、気付いたら7年近くたっていた。

最近では、アイヌ民族の少女をヒロインとした人気漫画「ゴールデンカムイ」の影響などで、アイヌ文化に興味のある来店者が増え、先住民族文化に関心の高い外国人も頻繁に訪れる。アイヌ関連のイベント情報も多く集まり、照代さんは来店者にそれを紹介することもある。首都圏のアイヌ文化の情報交換の場としての役割を果たしている。

もちろん、アイヌ民族の常連客は多い。

その一人、相模原市在住の島田あけみさん（61）＝日高管内静内町（現新ひだか町）出身＝は「この店はアイヌ同士で、お世辞なしに安心して本音で語り合える場」と話す。

「チャシ　アン　カラ（アイヌ語で『とりでを自分たちでつくる』の意味）の会」を設立した島田さんは「6畳一間でいいから、近くに『チャシ』をつくりたい。アイヌ同士で一晩中語って前を向ける場所を」と提案。静内出身でアイヌ民族の血を引く大空ひとみさん（56）＝埼玉県朝霞市在住＝も「私にできることがあれば手伝う」と応じる。照代さんも「私たちの夢だもんね」と続けた。

昨年の暮れ。店先に酔ってうなだれている高齢の男性がいた。「おっちゃん、ウタリ（同胞）でしょ」。照代さんが話しかけると、男性は「おお、おお」と言いながら照代さんの手を握り、涙を浮かべながら目を見つめてきたという。

「首都圏には貧困や差別に苦しむアイヌも大勢いる。こうした人たちの心が少しでも楽になるような場所であり続けなくては」

注目高まる振興拠点
アイヌ文化交流センター

東京駅八重洲口から徒歩3分のビル内に公益財団法人アイヌ文化振興・研究推進機構（札幌）が運営する「アイヌ文化交流センター」がある。歌や踊りなど首都圏での伝統文化継承の拠点になっている。

アイヌ文化振興法が制定された1997年に開設され、約200平方メートルに職員3人が常駐している。入り口付近に民族衣装やチタㇻペ（ござ）、イナウ（木幣）など40点以上の資料を展示し、アイヌ関連の書籍も約4千冊そろえている。

首都圏のアイヌ民族団体が歌や踊りを練習する場になっており、アイヌ語やアイヌ文様の刺しゅうなどを学ぶ文化講座も行っている。毎月第3金曜日にはアイヌ語で「楽しい」を意味する公開講座「キロロアン」があり、文化伝承者らが講師として伝承活動や差別体験などを語っている。

ここ数年、年間利用者は4千人前後で推移してきたが、最近のアイヌ文化に対する関心の高まりから増える傾向にあり、2016年度は5489人と初めて5千人を超えた。木原仁美所長代理は「この流れを加速するために、首都圏でもっとアイヌ文化を発信していきたい」と話している。

開館は火曜日から土曜日の午前10時から午後6時。東京都中央区八重洲2の4の13ユニゾ八重洲二丁目ビル3階。問い合わせは☎03・3245・9831へ。

東京駅近くで多くのアイヌ工芸品を展示しているアイヌ文化交流センター

首都圏のアイヌ民族

連帯や権利回復、親睦…
道外の団体　縦横に

道外で暮らすアイヌ民族は、親睦や権利の回復などを目的にした団体を設立してきた。

道外を中心としたアイヌ民族関連団体で、最も歴史が古いとされるのが1964年設立の「ペウレ・ウタリの会」だ。東京の大学生とアイヌ民族の若者が道内で出会ったのをきっかけに結成。会員同士の親睦を第一に活動を続け、今も約60人の会員を抱える。

72年には、日高管内浦河町出身の宇梶静江さん（84）が新聞投稿でアイヌ民族の連帯を呼びかけ、アイヌ民族だけで構成する「東京ウタリ会」（現関東ウタリ会）を創設。東京都に陳情を重ねた結果、都内のアイヌ民族を対象とした実態調査の実施や職業相談員の設置を実現した。

83年には「アイヌ民族の今を考えるレラの会」（現レラの会）が発足。国に対する権利回復運動などを加速させた。92年には北海道ウタリ協会（現北海道アイヌ協会）とも連携して都内で初のデモ行進を行い、97年のアイヌ文化振興法の制定へとつなげた。

首都圏のアイヌ民族に関する主な動き

1964年	「ペウレ・ウタリの会」が発足
72年	「東京ウタリ会」（80年に「関東ウタリ会」に改称）が発足
74年	東京都が東京在住ウタリ実態調査
83年	「アイヌ民族の今を考えるレラの会」（91年に「レラの会」に改称）が発足
88年	東京都が2度目の東京在住ウタリ実態調査
92年	北海道ウタリ協会（現北海道アイヌ協会）と関東ウタリ会、レラの会がアイヌ新法の早期制定を求めて都内で初のデモ行進
94年	レラの会が新宿区西早稲田に「レラ・チセ」を開業。アイヌ民族と沖縄の伝統舞踊の交流会「チャランケ祭」が初開催された
96年	ペウレ・ウタリの会と関東ウタリ会、レラの会が連携組織「アイヌ・ウタリ連絡会」を発足
97年	アイヌ文化振興法制定。「東京アイヌ協会」が発足、アイヌ・ウタリ連絡会にも加盟
2003年	レラの会が東京都港区の芝公園で、明治期の開拓使仮学校付属北海道土人教育所で亡くなったアイヌ民族を慰霊する「イチャルパ（先祖供養）」を初めて実施
08年	政府がアイヌ民族を先住民族と認定
09年	政府の「アイヌ政策のあり方に関する有識者懇談会」が報告書をまとめる。「アイヌ政策は全国を対象に実施する必要がある」と明記
10年	首都圏のアイヌ民族の暮らしや思いを撮った映画「TOKYOアイヌ」が上映される
11年	政府が道外のアイヌ民族の生活実態調査を実施
14年	厚生労働省がアイヌ民族を対象とした職業訓練相談会を開始。日本学生支援機構はアイヌ民族向けの無利子奨学金の申請基準を緩和
16年	政府が公益財団法人・人権教育啓発推進センター（東京都港区）で、道外のアイヌ民族を対象とした電話相談窓口を設置

政府は2008年にアイヌ民族を先住民族と認定。これを受けて政府が設置した「アイヌ政策のあり方に関する有識者懇談会」は、「アイヌ政策は居住地域によって左右されるべきではない。全国を対象に実施する必要がある」と報告書に明記した。

　これを受け、北海道アイヌ協会と首都圏のアイヌ民族4団体で構成していた「アイヌ・ウタリ連絡会」は09年に、「全国アイヌ民族ネットワーク会議」を発足させた。一時は「アイヌ民族議会」を開設する案も浮上したが、各団体の体制が異なることなどから2度の協議を経て頓挫した。

経済的苦境浮き彫り…

実態把握なお課題

　アイヌ民族の血を受け継ぐ人の数については、道外、道内とも、正確に把握した調査は存在していない。明治期以降の同化政策の影響や、差別を恐れて自らの出自を明らかにしない人も多いとみられる。数少ない調査結果から実態を探ってみる。

　東京都は1988年に関東ウタリ会の会員の協力を得て調査を実施。1134人（518世帯）と接触し、都内には2700人のアイヌ民族が暮らしていると推定した。このうち9割が北海道出身で、1960年代に15歳から20歳で上京。北海道を離れた理由は「北海道では経済的に暮らしにくかった」（54・9%）、「差別から逃れられると思った」（32・9%）などだった。

　政府は2011年に初めて調査を実施。北海道アイヌ協会の会員が道外の親族を紹介する形で進められたが、アンケートを配布できたのは318人（241世帯）で、回答は210人（153世帯）にとどまった。関東の回答者が137人と多く、中部が38人、近畿が14人と続いた。

　調査結果からは苦しい生活実態が浮き彫りになった。経済的な苦境などから高校を中退した人は11・2%に上り、全国平均の1・7%より6倍も高かった。生活保護の受給率は全国平均の2・3%を上回る7・6%。年収は300万円未満が79・5%で、全国平均の53%を大幅に上回った。

　政府は14年度から職業訓練相談会を始め、日本学生支援機構の無利子奨学金の申請基準を緩和した。いずれも利用者は数人にとどまり、内閣官房アイヌ総合政策室は「道外の実態把握は困難で、効果的な政策の展開は難しい」と話す。

　一方、政府は公益財団法人・人権教育啓発推進センター（東京都港区）に委託して、16年度、道外のアイヌ民族を対象とした電話相談窓口を開設。初年度は月平均64件、17年度は同67・3件の利用があり、政府は現在行っているアイヌ民族に関する新法の検討にも、窓口に寄せられた意見を反映していく考えだ。

第8部

先住民族マオリと出会う

アイヌ文化の担い手を育てる
札幌大学「ウレシパクラブ」の学生たちが
２０１８年1月から2月にかけニュージーランドを訪れ、
先住民族マオリと交流しました。
先住民族政策の先進地での学生たちの体験を取材し、
アイヌ文化復興について考えてみました。

生きた言葉　幼児から

上河　彩さん

幼稚園で普及

ニュージーランドを代表する国立大学、オークランド大学の付属幼稚園「テ・プナ・コフンガフンガ」。北海道の初夏のような爽やかな風が吹く中、園児約20人が伝統舞踊「ハカ」を披露した。

「カマテ（私は死ぬかもしれない）、カマテ　カオラ（私は生きるかもしれない）、カオラ」

札幌大学3年の上河《かみかわ》彩さん（20）は子供たちの踊りに目を細めた。「小さい頃からマオリ文化を身に付けていて、うらやましいなあ」

幼稚園は2004年にマオリ文化の普及などを目的に開設された。現在は園児55人と職員9人が在籍する。日常的にマオリ語が飛び交い、合唱やお祈りの時はすべてマオリ語を使う。職員のヒュー・グリベンさん（50）は「先生はほぼマオリ語を使うけど、子どもは自由。ただ、子供が英語を使った時に先生はマオリ語で答えて、自然とマオリ語を身に付けられるようにしています」と語った。

アイヌ語には、幼少期から日常的に学ぶことのできる施設はない。上河さんは「アイヌ語の言葉を交わす幼稚園があったら、どんなに良かっただろう」と思わずにはいられなかった。

上河さんは胆振管内白老町出身。祖母も母も白老町のアイヌ民族博物館に勤め、アイヌの血を受け継ぐことは高校3年の時に母から伝えられた。ウレシパクラブに入ってからアイヌ語を学び始め、まだ日常的に話せるレベルではない。「明治期以降の同化政策でアイヌ語を話せる人が減ったのはつらいことだった。家庭内でも伝承されなかった」。マオリ語で会話する園児たちを目の当

オークランド大学の付属幼稚園で園児とふれあう上河彩さん。マオリと白人の混血は広がり肌の色はそれぞれだが、マオリの血を引く人の帰属意識は高い

たりにして「私も小さい頃からアイヌ語を学びたかった」という思いがこみあげてきた。

ニュージーランドでのマオリ語教育はもともと盛んだったわけではない。19世紀以降の英国の植民地支配による同化政策で、学校では英語の使用が義務化されマオリ語は衰退。第一言語とする就学児は1913年の90％から、75年には5％以下になったとする調査もある。

70年代からマオリの若者たちがマオリ語の復興運動を展開。82年にマオリ語を話せる高齢者と未就学児を交流させる「テ・コーハンガ・レオ（言葉の巣）」という幼児教育を草の根で始めた。こうした活動が各地に広がる中、マオリ語は87年に公用語となった。テ・コーハンガ・レオは2012年の時点で約470カ所あり、約9千人が通う。マオリ語で学べる小中学校も09年で80校以上あり、児童生徒数は約7千人に上る。

強い気持ちで

復興運動で中心的役割を果たした元マオリ発展相のピタ・シャープルズさん（76）は、ウレシパクラブの一行と懇談した際、「大切なのは言葉を取り戻したいという強い気持ちを持ち続けることだ。気持ちがあれば必ずアイヌ語も10年後に復興できる」と強調した。

オークランド大学の幼稚園における教育法はテ・コーハンガ・レオとは異なり、マオリ語と英語を話す「バイリンガル形式」だ。上河さんが「マオリ語を上手に話せない子供にどう接していますか」と聞くと、女性教員が答えてくれた。「決して子供を叱ってはいけない。英語を禁じたら、マオリ語を禁じた時代とやっていることは同じになる。子供の分かる言葉で語りかけ、マオリ語を楽しく習得させることが大事」

上河さんは20年に白老町に開設される「民族共生象徴空間」で働くことが目標だ。「アイヌ語をゆっくりでも身に付けたい。そして、いつかは子供たちに伝えたい」。将来的に象徴空間で、アイヌ語による幼児教育を行うことを思い描いている。

先住民族
マオリ

13世紀に東ポリネシアからニュージーランド北島に着いた人々がルーツとされる。当時の人口は10万人程度とされたが、19世紀以降の英国人の入植で伝染病が広がり、19世紀末に約4万人に減少した。権利回復運動が活発化した1970年代以降は増え続け、2013年の調査で約67万人（ニュージーランドの人口の15%）がマオリの血を引き、このうち約60万人が帰属意識があると回答した。

アイヌ民族も明治期以降の同化政策や差別で人口が減少。道が17年に行ったアイヌ生活実態調査では道内に1万3118人いると確認。専門家の間には「アイヌの血を引く人は数万人以上いる」との見方がある。

権利回復 自らの手で

葛野大喜さん

格差に危機感

「大学に入って私のアイデンティティーは揺れた。友人からも、先生からも、差別があったから」

ニュージーランドの先住民族マオリの女性活動家パニア・ニュートンさん（28）はマオリ発展省オークランド支所で、札幌大学ウレシパクラブの学生たちに自身の過去を打ち明けた。

小さい頃からマオリ語を中心とした教育を受けてきたニュートンさん。大学に入って初めて差別を経験し、講義で意見が無視されたり、大学の会員制交流サイト（SNS）で侮辱されたりした。「差別を避けるため、マオリではないというふりもした」

ただ次第に、自身のルーツを否定していることに「このままではまずい」と感じ始めた。マオリ文化を学び直し、マオリの進学率の低さや平均寿命の短さ、犯罪率の高さなどを知った。「これ以上、格差を広げてはいけない」と市民団体を設立し、今は土地の権利回復運動に取り組む。「奪われた土地を取り戻すことで力をつけることができる。政治的にも強い力を持つマオリを増やしていきたい」

パニア・ニュートンさん

マラエであいさつをする葛野大喜さん。アイヌ語で10分近くにわたって自身の祖父のことなどを語った

ニュートンさんの話を聞いた札幌大学2年の葛野大喜《くずのだいき》さん（20）は「マオリにもアイヌと同じく差別はあるが、アイヌよりも前に進もうとする力が強い気がする。人口が多いからかもしれないが、その違いは何だろう」と感じた。

葛野さんは日高管内静内町（現新ひだか町）出身。祖父の故辰次郎さんはアイヌ語を話し、多くのアイヌにエカシ（長老）と慕われた。父次雄《つぎお》さんはアイヌ民族の遺骨返還運動に取り組むコタンの会の副代表で、伝統儀式の祭司も務める。葛野さんは、祖父も父もアイヌ民族の権利回復を願って活動してきたことを大学に入ってから知り、自分も「何かできることはないか」と思い始めていた。

マオリは、19世紀以降の英国の植民地政策によって土地や資源、文化を収奪され、一時はアイヌ民族と同様に「滅びゆく民族」と言われた。一方で政府への抵抗運動によって、１８６７年にニュージーランド議会にマオリの特別議席が割り当てられ、マオリの政治力の源泉となった。

政治力高める

１９７０年代に権利回復運動が活発化する中、マオリの政治家らが主導して、奪われた土地や資源の財産権を保証する法律が75年に制定された。当初は限定的だったが、法改正を重ねる中で徐々に権利の範囲を拡充。過去

20年間でマオリと政府などの間で成立した和解で、返還された資産の総額は賠償金も含めて約1500億円に上る。

札幌大学の一行は訪問中、前年までマオリ発展相だったマオリ党副党首テ・ウルロア・フラベル氏(62)とマオリ伝統の集会所「マラエ」で寝食をともにした。フラベル氏は「マオリは署名活動やデモ行進を続け、土地や資源などの権利を主張し続けた。マオリ語の復興も、そうした政治的な動きから始まった」と語った。

マオリ文化を発信する観光施設や研究機関に案内してくれたフラベル氏は「こうした場所もさまざまな政治活動を経て、多くの人たちの理解を得て開設できた。似たような考え方を持つ人たちを増やすことが重要だ」と強調した。

葛野さんは今回の訪問で「さまざまなチャレンジを続け、多くの力を合わせていくことが大事。とにかくアイヌに関する理解を多くの人に広めないことには何も始まらない」と感じた。

今はまだ具体的な行動計画は思い浮かばない。ただ、ウレシパクラブとしてアイヌ語復興に向けて何かできないかと考えるようになった。「地味でも、できるところから。最初の一歩は大事だと思うんで」

マオリ発展省

先住民族マオリの保健や教育、雇用、経済に関する政策を担うニュージーランドの政府機関で、同省の年間の予算額は約250億円。19世紀半ばに英国の植民地政策として、マオリを保護しつつ、その土地や資源を利用するために設立した組織を起源とする。一時期は英語使用の強制などでマオリ文化を衰退させることになった。

20世紀以降は福祉対策などに軸足を置き、組織改編で1992年に発展省が発足。現在、ニュージーランド各地に18の支所・事務所がある。職員は300人以上で大半がマオリという。

一方、国のアイヌ政策を担う内閣官房アイヌ総合政策室は北海道分室を含めて職員は45人で、アイヌ民族は1人もいない。

文化こそすべての礎

竹内智秋さん

テレビで発信

ニュージーランド最大の都市オークランド市郊外にある地上波のテレビ局「マオリTV」。ガラス張りの近代的な建物の中に、先住民族マオリ伝統の工芸品などが飾られている。札幌大学ウレシパクラブの学生たちが訪問すると、軽快な音楽に合わせて男性の歌声が聞こえてきた。

歌っていたのは、マオリのミュージシャン兼俳優トロイ・キンギさん（33）で、番組収録中だった。案内してくれたマオリTVのピリピ・タイラーさんは「キンギさんは、ここ数年で有名になったアーティスト。ニュージーランドでとても人気です」と説明してくれた。札幌大学4年の竹内智秋さん（29）は「先住民族専門のテレビ局に、先住民族のスターが出演しているなんて」と感心した。

マオリTVは30年以上前からマオリ側が政府に要求し続けた結果、2004年に政府からの全面的な支援を受けて開局。マオリ語ができない人も理解できるよう英語も使っており、マオリ文化の復興に重点を置く。約40人の職員はほぼマオリといい、タイラーさんは「マオリの雇用拡大にもつながっている」と語った。

札幌のアイヌ伝統舞踊の団体に所属する両親の下で育った竹内さん。小さい頃は、4人兄弟の誰よりも踊りが好きで、クリムセ（弓の舞）のビデオテープをすり切れるまで鑑賞した。竹内さんは近く大学を卒業するが、就職先は決まっていない。自らの文化を発信しながら仕事をしているマオリの現状に触れ、「アイヌにも、こんな世界があったらいいのに」と感じた。

ニュージーランドでマオリ系の企業は多い。マオリ発展省などによると、家族単位の農場から水産物の輸出会社、エコツーリズムの会社など多彩で、政府などから返還される土地や資源が年々増え続ける中、収益も上がっているという。マオリが有する総資産は16年現在で約4兆円に上り、過去15年余りで約10倍に増えたという。

こうした「マオリ経済」の成長は、1970年代以降の人口増加を最大の推進力としている。その中でも84年に開かれた「マオリ経済サミット」が起爆剤だったとされる。ニュージーランド各地の先住民族の指導者らが一堂に会し、マオリ主導による経済基盤の確立に動き出したからだ。

経済の道開く

マオリ発展省のチャールズ・ロウ国際投資アナリストはマオリ経済を矢に例える。「マオリ文化という矢じりがさまざまな障壁を打ち破り、矢柄（棒の部分）に沿って貿易や商業が道を開いていく。マオリが有する最も重要な財産は文化であり、文化こそすべての礎になる」と語る。

ウレシパクラブの一行は今回、テレビ局のほか、ラジ

マオリTVでトロイ・キンギさん（左から3人目）を囲んでマオリ独特のポーズを取る竹内さん（左端）ら

オ局やマオリの物語をデジタル映像化する会社にも訪れ、最先端の技術を使いながらマオリ文化を発信する様子を見た。オークランド大学では、マオリ語を母語とする人の語学力を持つ人工知能（ＡＩ）の開発に取り組む計画がある。

マオリの多くは、こうした活動について「文化は動かないと止まる。時代に対応し、意義あるものに変えるべきだ」「マオリ経済は自ら動き続けて発展した」と説明。そこではマオリの若者たちが活躍していた。マオリ発展省のロウさんはこう言った。「アイヌ民族も、文化を振興させることで経済的な発展につなげていけるはずです」

ウレシパクラブの学生たちはニュージーランド滞在中、毎晩のように反省会を開いた。最後の夜、竹内さんはこう言った。「うらやましがっているだけでなく、自分から動かないといけない」。卒業後、アイヌ関連の仕事に就こうという意志が一層強くなった。

マオリ経済

マオリ系の企業による生産やマオリから供給される農水産物などを用いる経済活動。5%強の成長を続けている。ニュージーランドの国内総生産（GDP）に占めるマオリ経済の割合は1996年に1・23％だったが、2010年には6%を占めている。

ニュージーランド政府はマオリ経済の発展を後押しする。12年に「マオリ経済戦略」を策定。17年に改定した現行の戦略では、平均収入引き上げや若者の学力向上などの目標を掲げ、約1億2千万円の施策パッケージを発表した。

ニュージーランド政府発行の「投資ガイド」では、マオリとビジネスをする際に「将来の子孫に与える影響を考える」「資源を持続的に使う」などマオリの伝統的価値観への理解を求めている。

［番外編］ニュージーランドの観光施設「テ・プイア」息づくマオリ文化

ダンスや工芸　伝承の場にも

第8部は、アイヌ文化の担い手を育てる札幌大学ウレシパクラブの学生たちが、ニュージーランドで先住民族マオリと交流する姿を伝えた。番外編では、一行が訪れたマオリ文化を発信する観光施設「テ・プイア」の紹介を通じて、2020年に開設される「民族共生象徴空間」（胆振管内白老町）の在り方について考える。

ニュージーランド最大の都市オークランド市から南東へ車で約3時間。温泉のまちとして知られるロトルア市中心部にマオリ文化を発信する観光施設「テ・プイア（マオリ語で間欠泉）」はある。約70ヘクタールの敷地内にある世界最大規模の間欠泉がシンボルだ。

「ニーハオ、ハロー、こにちは、キオラ（マオリ語でこんにちは）」

テ・プイアの目玉施設で

鼻と額を付けるマオリ流のあいさつ「ホンギ」をする岡田勇樹さん

マラエの中で民族舞踊を披露するダンサーたち。手を震わせる動きが特徴的で、海や熱気、そよ風などを表現している

もあるマオリ伝統の集会所「マラエ」の周囲に集まった300人以上の観光客を前に、民族衣装を着た若い女性がマイクを握る。この日の観光客は、7割超がアジア系だ。

　マラエ内では舞台の上で男性ダンサーが力強く踊り、女性ダンサーもポリネシア系の音楽に合わせて優雅な舞を次々と演じた。最後は男性客を壇上に上げ、ラグビーのニュージーランド代表が国際試合の前に踊るマオリ伝統の「ハカ」をともに楽しんだ。一行を引率した札幌大学職員の岡田勇樹さん（40）は「見た人が『良かった』『格好いい』と思える踊りで、プロ意識を感じた」と感心した。

　テ・プイアは120年以上前、温泉街を訪れる観光客に、マオリがガイド活動を行ったのが始まりとされる。約50年前には、ニュージーランド政府が敷地内にマオリ美術工芸学校を開設し、マオリの木彫りや編み物などの技術を伝承する場にもなっている。その制作過程も公開されており、草から繊維を取り出して衣装を作る様子や、何十本もの彫刻刀を使いながら木を削る作業を見ることができる。案内してくれた職員は「多くの人の目に触れることで、職人としての緊張感が高まり、技術の上達が加速します」と説明した。

　敷地内にはこのほか、ニュージーランドの国鳥キーウィを観察できる小屋や、工芸品などを購入できる土産店もある。従業員は夏の繁忙期には200人近くが働く。年間来場者

テ・プイアの入り口。12体の彫刻が守護神として中心部にあるヒスイの原石を守っている

マラエの前で舌を出す男性ダンサー。マオリ特有の表現で、感情の強さなどを示している

は50万人を超えるといい、人口約460万人の同国では屈指の観光施設だ。

　マオリ発展省前大臣でテ・プイアの拡充などに力を注いだテ・ウルロア・フラベルさん（62）は「マオリ文化を昔のものとして展示するだけでなく、若手の伝承者がさまざまな形で現代風に置き換えて伝えていることが重要」と説明。テ・プイアを見学したウレシパクラブの一行を前に、「アイヌ文化も観光資源として発信し、多くの人に『文化が生きている』ことを示すべきだ」と提案した。

　2020年に胆振管内白老町に開設する「民族共生象徴空間」でも、

工芸品の制作過程の実演や伝統料理の調理実習、伝統舞踊の公演などが想定されている。

ウレシパクラブ代表の本田優子・札幌大学教授はテ・プイアについて「まず人材を育成し、その活躍の場として施設内を充実させているのが印象的だった」とし、象徴空間の運営でも「参考にすべき点は多い」と語る。札幌大学1年の平沢隆二郎さん（19）は「どうすればテ・プイアのような施設をアイヌにも運営できるのか、真剣に考えたい」と話していた。

マオリの伝統的な木彫りに打ち込むマオリ美術工芸学校の学生ら。卒業までに60種類の彫刻刀を使いこなせるようになる

政策の推進度 日本は最下位

世界各国の先住民族政策の推進度を数値化した調査結果がある。カナダ・クイーンズ大学の研究者が「多文化主義政策指標プロジェクト」の一環で、2010年時点における世界9カ国の状況を比較した。先住民族の土地権や自治権などを幅広く認めているカナダがトップとなり、日本は最下位だった。

評価は「土地権の承認」「自治権の承認」「条約の締結」など9項目について「1」「0・5」「0」の3段階で点数を付け、最高で9点となる仕組み。評価を公表することを通じて、各国の先住民族政策の推進を促すことを目指している。

調査結果によると、カナダは1973年に最高裁判所が先住民族の土地権を認めて以来、政府が先住民族

各国の先住民族政策の推進度

	A	B	C	D	E	F	G	H	I	計
カナダ	1	1	1	1	1	1	1	0.5	1	8.5
米国	1	1	1	1	1	1	1	0	1	8
ニュージーランド	1	0.5	1	1	1	1	1	0.5	0.5	7.5
デンマーク	1	1	0	1	1	1	1	1	0	7
オーストラリア	1	0.5	0	1	0.5	1	0.5	0.5	1	6
ノルウェー	0.5	0.5	0	1	0	1	1	1	0	5
フィンランド	0	0.5	0	1	0	1	1	0.5	0	4
スウェーデン	0	0.5	0	1	0	0.5	0.5	0.5	0	3
日本	0	0	0	0.5	0	0.5	1	0.5	0.5	3

※A：土地権の承認、B：自治権の承認、C：条約の締結、D：言語など文化権の承認、E：慣習法の承認、F：中央政府との協議など、G：憲法や法律における先住民族の特別な地位、H：先住権に関する国際条約の批准、I：格差是正措置
(カナダ・クイーンズ大学「多文化主義政策指標プロジェクト」調査より)

と土地に関する交渉などを行い、多くの土地を返還してきた。82年には憲法で先住民族としての自治権も認め、04年に最高裁が先住民族との協議を政府に義務づけたことも評価に影響した。

次点は米国で、土地権や自治権を認めているほか、居留地における狩猟や漁業の権利を認めており、90年に先住民族の言語に関する法律を制定したことなども評価された。オーストラリアは、08年に首相による先住民族への謝罪動議が連邦議会で決議されたことや、雇用・就学面での格差是正措置を行っている点が評価につながった。

9カ国の中でも、ノルウェー、フィンランド、スウェーデンの北欧3カ国は下位だった。厳しい評価だったのは格差是正措置で、「先住民族サーミとの格差を是正する法律や政策が存在しない」などと指摘された。一方、3カ国とも、政府に対して先住民族の意思を示すサーミ議会があり、権限が限定的ではあるが、「自治権の承認」という点では一定の評価を得た。

最下位の日本は「世界で先住民族の土地権を認めていない数少ない国の一つ」「アイヌの自治権を一貫して否定している」などと厳しい評価だった。各国とも「1」の評価を得た「言語など文化権の承認」の項目でも、日本は「0・5」。アイヌ文化振興法が制定されているものの、漁業や狩猟の権利が制限されている点が問題視されたようだ。

各国の先住民族政策に詳しい元東京経済大学専任講師の寺地五一《ごいち》氏（東京）は「調査結果からは日本の政策が遅れていることが分かる。先住民族政策は土地権や自治権など先住民族が本来持っている権利をどれだけ認めているかが国際的な評価を受ける基準になる」と指摘。政府が2020年の制定を目指すアイヌ民族に関する新法の検討にも、国際的な視点を反映するように提唱している。

クイーンズ大学「多文化主義政策指標プロジェクト」の調査結果（英語）はホームページ（http://www.queensu.ca/mcp/）で閲覧できる。

米、豪各国の発信拠点
設計、運営「私たち」の手で

ニュージーランド以外の国や地域にも、先住民族文化の発信拠点はある。主に博物館などが拠点機能を担っており、建築から運営まで先住民族が関わるケースが目立つ。2020年に胆振管内白老町に開設する「民族共生象徴空間」にとっても参考になりそうだ。

米国で代表的なのは、首都ワシントンD.

（上）米国の先住民族の住居をモチーフにした建物が特徴的な国立アメリカ・インディアン博物館（中）オーストラリア国立博物館の中庭。オーストラリアの歴史をイメージした巨大なオブジェが置かれている（同博物館提供）（下）白老町の民族共生象徴空間に整備される国立アイヌ民族博物館の外観のイメージ図

C.のスミソニアン博物館を構成する施設の一つ「国立アメリカ・インディアン博物館」だ。建物の設計をはじめ展示物の選択などあらゆる場面で先住民族の意見を優先しており、展示物の説明文はどれも先住民族が主語で「私たち」と書かれている。先住民族の若手による現代アートも展示している。各国の発信拠点を視察しているアイヌ民族博物館（胆振管内白老町）の野本正博館長は、アメリカ・インディアン博物館について「今を生きる先住民族が主体的に運営に関わることで過去と現在を結び、より多様な文化を発信している」と評価する。

また、オーストラリア国立博物館では、植民地時代の先住民族に対する強制的な同化政策を詳しく紹介している。同国の先住民族に詳しい神戸大学大学院の窪田幸子教授（文化人類学）は「アイヌ民族の歴史や差別への理解が日本社会で深まっているとは言えない中、象徴空間でただちにアイヌ民族の過酷な過去を大々的に紹介するのは難しいかもしれないが、負の歴史と正面から向き合うオーストラリア国立博物館から学ぶべき点は多い」と指摘する。

このほか、台湾の「原住民族（先住民族）文化園区」は職員の9割以上が先住民族で、台湾の16部族の多彩な伝統舞踊や工芸品が観光客を楽しませている。フィンランドには、先住民族サーミの団体が運営する「シーダ」という博物館があり、周囲の自然環境を有効に活用している。カナダ歴史博物館は植民地時代の博物館を起源とするが、変遷を経て現在の建物は先住民族の血を引く建築家が設計した。

象徴空間でもアイヌ民族の視点による展示を検討しているが、アイヌ民族関係者の間には「国は象徴空間の設立に関し、一部のアイヌの声しか聞いていない」「長年道内でアイヌ文化を伝えてきた人たちの意見に、もっと耳を傾けるべきだ」との声が少なくない。

象徴空間の準備を担っている野本館長は「アイヌ民族は象徴空間の主人公。自分たちできちんとアイヌ文化を伝えていける環境をつくっていきたい」と語る。

海外における主な先住民族文化の発信拠点

名称	開設年・場所	特徴
国立アメリカ・インディアン博物館	2004年 ワシントン	年間来場者は約140万人。5階建て延べ床面積約2万3千平方メートルで、米東部の湿地を再現した庭園に囲まれている
オーストラリア国立博物館	2001年 キャンベラ	16年度来場者は約93万人。敷地は約11ヘクタール。展示の半数近くが先住民族関連
原住民族文化園区（台湾）	1987年 屏東県瑪家郷	14年来場者は約27万人。約80ヘクタールの敷地に台湾の16部族の多彩な文化を発信
シーダ（フィンランド）	1963年 イナリ	17年来場者は約12万人。敷地は約7ヘクタール。北欧で最初の独立したサーミ博物館
カナダ歴史博物館	1856年 ガティノー	年間来場者は約120万人。建物の外観はカナダ先住民族の顔がモチーフ

第9部

アイヌと社会の未来を語る

最終部となる第9部はインタビュー編です。
アイヌ民族と社会の目指すべき在り方について考えてみます。

民族の感覚 目覚めた

俳優 宇梶剛士さん

芝居に尻込み

最近接したウタリ（同胞）は、とても伸び伸びしているなと感じています。その人らしさを感じられるような自然体で歌や踊り、工芸品など自分の良いと思う文化を表現しています。かつてのウタリには差別への恐れによるのか、目の奥の闇を感じることがありました。社会に多様性を認める人が増え、環境が変わってきた。時代なのでしょう。

私は東京で生まれ育ち、差別を受けた記憶はありません。けれども、アイヌ民族の権利回復運動に取り組んでいた母＝日高管内浦河町出身で埼玉県在住の宇梶静江さん（85）＝は差別と闘う運動に身を投じ、次第に帰宅できない日が増えていきました。中学の時に母への反発から家を飛び出してしまいました。若い頃は気持ちが荒れていて自らのルーツについて考えることはほとんどなかったけれど、「なんか背負いたくない」という感覚はありました。

周囲には母をはじめアイヌ民族として活動している人がいました。20代後半、演劇ユニットを設立してから「アイヌの舞台をやってみたい」という気持ちが生じ、1993年に「偽《にせ》エカシの筏《いかだ》」という芝居を書きました。舞台で民族衣装を使ったのですが、当時は衣装の文様が地域によって違うことすら知らず、アイヌの先輩に叱られました。「これは容易に手を付けてはいけない」と尻込みしてしまいました。

その後、アイヌ民族の叔父と日高管内平取町で開かれた先住民族関連のイベントを訪れる機会がありました。カムイノミ（神々への祈り）の後に山を見ていたら、弓を持って獣を追いかける自分の姿が見えた気がしまし

うかじ・たかし　1962年東京生まれ。高校中退後、暴走族のリーダーに。18歳の時に少年院でチャプリンの自伝を読み、俳優を目指すことを決意。その後、定時制高校に入学し、卒業。80年に俳優デビューし、テレビドラマや映画など幅広く活躍する。

た。気のせいなのかもしれませんが、不思議な感覚でした。その後も民族のイベントなどに参加した際、幼い頃に親が伝統儀式をやっていた記憶がよみがえり、その都度「自分もやっていた」との共感が湧いてきました。

こうした体験が積み重なり、アイヌだという感覚が自分の中で目覚めてきたのでしょう。アイヌに生まれて良いとも悪いとも思ったことはありませんが、アイヌのことが好きなんですよねえ。何か好き。北海道に行くと、なぜだか落ち着いている自分がいます。

高校生の娘には、幼い頃から「おまえはアイヌなんだよ」と伝えています。娘は中学時代にアイヌ文化について調べて発表して、表彰されたこともあるんです。私の母からはアイヌ文様の刺しゅうも教わりました。文化の豊かさを知り、今では自然に自分のルーツを周囲に話しています。

私は30作の脚本と演出を手がけてきましたが、遠からずアイヌ関連の作品をまた手がけたいという思いが体の中で声を上げています。「やれよっ」という突き上げが何年も前からあるんです。描くことへの怖さはあるけど、何年かのうちにやりそうな感じがします。

今もアイヌへの差別が残っているんですね。差別をする人を悪く言うのは簡単だけど、それでも差別がなくならないのは、人間の防衛本能などと関係していると考えています。人は生き延びるために群れをなし、群れの形を整えるために排他や差別が生まれる。こうした心理的な構造が影響していると思っています。子供には、誰がいいとか悪いとかではなく、人間の根っこ、存在理由の部分をしっかりと理解させるような教育をしなくてはなりません。

人間の根っこ

人は楽しいところにしか集まりません。もちろん、楽しさばかりを追い求め、忘れてはいけないこと、伝えなければならないことを手放してはいけません。アイヌ民族を取り巻く環境で、楽しさを実感できるようなことが増えたらいいと思いますし、私もそういうものをつくっていきたいと考えています。

文化の楽しさを発信

アイヌ工芸家　**関根真紀**さん

若い人たちに

生まれ育った日高管内平取町二風谷地区は住民の約8割がアイヌの血を引いていて、アイヌ文化に囲まれて暮らしてきました。中学生の時に、ほかの地区の子供たちから心ない言葉を投げかけられ、母に「なんで私はアイヌなの」と泣きついたこともありました。

実家の民芸品店で働いている時にも差別について聞かれ、自らの経験などを話しましたが、こうした情報ばかりが伝わることは「アイヌ民族全体に暗いイメージを与

せきね・まき　1967年生まれ。中学卒業後、苫小牧や札幌で過ごし、17歳でUターン。今は地元作家の工芸品を展示・販売する「二風谷工芸館」で管理人として勤務するかたわら、国や道などの会議でアイヌ文化に関する助言を行っている。

えてしまう」と感じていました。「私は楽しく生活している。これからもそうしたい」と思い、それからは「アイヌ文化の楽しさを発信することに力を入れよう」と決めました。

子供をはじめアイヌ民族について知識が少ない人たちには、アイヌ文化の楽しさを知ってもらうことを優先しています。二風谷で夫と共にアイヌ語教室の講師をしていますが、そこでもアイヌ語に訳した「大きな古時計」や「森のくまさん」などの童謡を歌ったり、アイヌ語に吹き替えたラジオ体操に挑戦したりしています。若い人たちに興味を持たせることが大事だと思うんです。

工芸家として刺しゅうや織物、木彫りを行っているほか、アイヌ文化の「宣伝マン」としてアットゥシ（樹皮の布）やイタ（盆）などを道内外で実演販売する機会が多くあります。その際、先祖から語り継いだ世界観や風習を伝えるようにしています。例えば「アイヌはアットゥシの原料を確保するために木から皮をはぐ時、木の神が樹皮の着物をまとっていると考え、すべてをはぎ取らず、はぐのは4分の1程度にとどめていた」といった内容です。

現在進行形の生きているアイヌ文化も広めていきたいと思っています。最近では、北海道コカ・コーラボトリング（札幌）の知人に頼んで、アイヌ文様を施した自動販売機を平取町内に設置してもらいました。「インスタ映え」（写真共有アプリ「インスタグラム」に投稿した写真の見栄えが良いこと）を意識し、ハート形の文様を入れたデザインで、観光客からも「面白い」と好評です。

ファン増やす

アイヌ民族を語る上で、明治期以降に土地や資源、文化などを奪われた歴史や差別を受けたことについては、絶対に無視することはできません。けれども、そうしたことは、アイヌ文化にある程度の関心を持ってもらった後で勉強してもらえれば、いいのではないでしょうか。まずは「アイヌ文化って面白いな」とか、「アイヌ文様ってきれいだな」と思ってくれるファンを1人でも増やしていくことが大切だと考えています。やがてアイヌ民族への理解が深まり、社会から差別や偏見をなくしていくことにつながると思うんです。

「共生」過去縛られず

阿寒アイヌ工芸協同組合専務理事　秋辺日出男さん

多角的に見る

阿寒湖温泉（釧路）で生まれ、アイヌ文化に囲まれて育ちましたが、小学3年で帯広に転校してから、ひどいいじめを受けました。教室で村八分にされたり、体毛を引っ張られたりしました。2年後に阿寒湖温泉に戻りましたが、中学でもいじめは続きました。

20歳くらいの時、アイヌは明治期以降、土地や資源、文化を奪われ、貧困を余儀なくされたことを学びました。「和人はなんてことをしてくれたんだ」という思いが膨らんできました。歴史と自分の体験とを結びつけると、被害者意識や権利意識が強くなります。自分を特別な存在であるかのように思い込み、発言も攻撃的になっていきました。

一方で、「アイヌ＝被害者」「和人＝加害者」との見方は短絡的です。当時の和人も明治期の開拓政策で、寒い土地に移住させられました。アイヌは開拓を経て便利な生活ができるようになりました。こうしたバランスの中で歴史は語られるべきだと思うんです。アイヌは差別を受けた歴史があるからといって、過去に縛られてばかりでは、いまの社会で通用しません。

そして差別のことばかりを語っていたら、かえって偏見を助長しかねません。当然、差別をした人は悪いし、許される差別なんてありません。しかし、私はあえて言いたい。ウタリ（同胞）たちに「差別を受けてきたアイヌ民族という立場に甘えるな」と。

そう思うのは自分の反省でもあるんです。アイヌの歴史の勉強を始めて1年くらいの時、誇らしげに虐げられた歴史や自ら受けた差別のことを語っていました。そん

あきべ・ひでお　1960年生まれ。高校卒業後、父が営んでいた民芸店を継ぐかたわら、阿寒湖ユーカラ座で脚本や演出も担当。北海道ウタリ協会阿寒支部長（現阿寒アイヌ協会会長）や、2008年に開かれた「先住民族サミット」の共同代表なども務めた。

な自分は和人を逆に差別しているようで、自分が嫌になりました。

自然から恩恵

ある日、アイヌ民族から差別のことを取り除いて考えてみると、自然からの恩恵を受け素晴らしい文化を伝える、すてきな姿が浮かび上がってきたんです。大切なのは過去ではなく、自分がどういう人間で何をしようとしているのか、いかにそこへ進むのか、ということだと気付いたんです。

30代後半から阿寒アイヌ工芸協同組合の理事になり阿寒湖畔で民族衣装を着て歩くようになりました。アイヌ民族の口承文芸を演劇にする阿寒湖ユーカラ座で脚本や演出を担当するほか、「イランカラプテ（こんにちは）」を広めるキャンペーンソングを作詞し、歌手として披露しています。

今なお、アイヌのルーツを人前で言えない人がいるのは大変な問題です。背景には道民の間に残る差別意識や無理解があると思います。アイヌ文化を発信し続けているのは、少しでも多くの人がアイヌのことを理解する入り口になれば、という思いからです。

この北海道でアイヌが努力すれば、さまざまな道を選べる社会にしたい。差別を受けていない人ができることを、差別を受けてきた人もできるような社会にしたい。それが実現するまで、舞台で歌や演技を披露し、店で木を彫り、アイヌについて語り続けます。

差別拡散に抗する力を

文芸評論家　**岡和田晃**さん

歴史的な背景

人間が他者を差別するという問題は、「あいつらは劣っていて、俺たちが偉い」という感情から生じます。それが社会的に追認されると、差別が形成されてしまうわけです。そうした状況をつくらないため、公教育では「差別はいけない」と日常的に教え込んでいるはずですが、意識のリミッター（抑制する機能）が解除される場合があります。その一つが、マイノリティー（少数者）であるアイヌ民族に対する差別です。

私は上川管内上富良野町出身で、アイヌ民族の出ではありません。旭川北高校へ進学しましたが、周りにアイヌだと公言している人もいませんでした。ライター活動を始めた早大時代から文芸評論家になった今まで北海道文学を勉強する中で、「アイヌは私たちと本質的に違う」と都合よく解釈し、結果的に差別する潜在意識がある人がいることを痛感しています。

背景には、北海道における植民地主義的な支配の歴史があります。明治期以降、開拓使などは先住民族であるアイヌを劣った存在として捉え、アイヌ語をはじめ独自の文化を否定し、日本語など和人の文化を強要する同化政策を進めました。「日本社会に同化しない方がおかしい」という考え方は、アイヌ民族も含めた道民、ひいては国民の意識に内面化するレベルにまで浸透し、「血」を薄めるためにアイヌ同士の結婚を避けるような風潮まで生みました。

ネットで扇動

「最近はかつてと比べて差別は減っている」という人

おかわだ・あきら　1981年生まれ。東海大学文芸創作学科（神奈川県）非常勤講師。『向井豊昭の闘争』ほか著書多数。2016年、評論集『破滅（カタストロフィー）の先に立つ　ポストコロニアル現代／北方文学論』が北海道新聞文学賞佳作を受賞。

もいますが、どちらかというと巧妙化しているのではないでしょうか。アイヌ民族の存在そのものを否定しようとするインターネット上の差別扇動がそれです。

ネットでは匿名で無責任な発言が可能で、日常生活で抑圧された感情がむき出しになる。容易にリミッターを解除し、現実では考えられないような差別を大声で拡散できるのです。こうしたレイシズム（民族差別）は極めて悪質で、民族的マイノリティーを攻撃することで得られる優位の確認を目的としています。

「アイヌには特権があり、われわれは収奪されている」といったゆがんだ被害者意識が裏付けのないままばらまかれ、それを一部メディアや著名人、政治が後押ししています。ネット上の差別が現実を侵食してきた危機感から、3年ほど前に研究者やアイヌ民族らとの共著『アイヌ民族否定論に抗する』（河出書房新社）を企画しました。

真偽が不確かな情報が氾濫する今ほど、歴史や民族に関する情報を読み解く能力「リテラシー」が求められている時代はないと思います。マイノリティーが置かれた状況を掘り下げた文学を読むなど複数のチャンネルを活用して、アイヌ民族を深く知り、そのリテラシーを培うべきです。

痛みと向き合う好機

北海道大学大学院生　石原真衣さん

可視化で理解

アイヌ民族の風習を子どもに伝えようとしなかった曽祖母、和人との結婚でアイヌの血を薄めようとした祖母、アイヌ文化を身につけていないことで自らの存在を悩んだ母、そして私に至る4代の人生を昨年、論文にまとめました。連載「こころ揺らす」第1部（2017年4月）で紹介され、私の思いが広く伝わることになりました。そのことで二つの変化がありました。

一つ目は、アイヌの出自について、今まで一度も話したことがなかった親戚と語り合うようになったことです。不安はありましたが、話してみると「自分はアイヌだと思っていない」「アイヌの血を引くことを周囲にどう伝えたらいいのか」などと同じような葛藤を抱えていました。

もう一つは、かつての私のような、アイヌのルーツを明かさず沈黙している人が（新聞で）可視化されたことで、同じ境遇の人たちの定義ができつつあることです。私は「サイレントアイヌ」という言葉で周囲に説明していますが、アイヌ民族の友人もこの言葉を使うようになりました。先日、札幌で講演した時には、参加者から「私もサイレントアイヌです」と伝えられたことがありました。

定義する言葉があると、一つの枠組みができ、互いにイメージを共有して語り合いやすくなります。私の周りでは、アイヌ、サイレントアイヌ、和人など多様な立場を理解した上で語り合い始めています。

一方、道民の間でアイヌ民族への理解が深まったり、取り巻く環境が大きく変わったりしているかというと、ほとんどないと思います。18年は北海道命名150年という節目で、道庁を中心にさまざまな事業が展開されています。それ自体は前向きな取り組みだと思いますが、「150年おめでとう」といったトレンド（流行）にとどまっている感じがします。

いしはら・まい　1982年、札幌生まれ。大学卒業後、専門学校などで英語教師を務める。その後、自身のルーツを巡る自らの混乱や葛藤の根源を明らかにしようと、28歳で北大大学院文学研究科に入り文化人類学を専攻、2018年9月に博士号を取得した。

自分の先祖がどこから入植して、アイヌ民族とどう関わり、どんな苦労があって、その先の存在として自分はどう生きるべきなのか――。150年の歩みと、どれほどの方々が向き合っているのでしょうか。過去と向き合うのは大変なことで、場合によっては先祖の屈辱や悲哀に触れ、心の痛みを伴うかもしれません。しかし、そこで得られることは必ずあると思うんです。

足元固まった

私はルーツを調べたことで、自分の彩りが豊かになった気がしました。かつてサイレントアイヌだった頃は、私の出自を知る人から「ルーツを否定しているのか」と言われても沈黙していたけれど、今は自信を持って説明できます。足元が固まったので、すごくハッピーになりました。

150年の歴史にはアイヌ民族だけではなく、和人側の痛みもあるはずです。過去と向き合い、その痛みに互いの心を寄せ合えば、新しい北海道の未来をつくることができるのではないでしょうか。今こそ歴史の中のそれぞれの立場を捉え、語り合うチャンスだと思います。

［番外編］

道新ニュースサロン

「こころ揺らす――アイヌ民族と今を考える」

北海道新聞社は連載「こころ揺らす」終了後の2018年4月15日、道新ニュースサロン「こころ揺らす――アイヌ民族と今を考える」を札幌市中央区の道新本社で開いた。連載に登場したアイヌ民族のお笑いコンビ「ペナンペパナンペ」の川上竜也さんと川上将史さんがコントを披露し、北海道大学大学院生の石原真衣さんと札幌市の原田公久枝さんが講演。続いて4人は、連載を担当した村田亮記者の司会でシンポジウムを行い、アイヌ民族と和人が共につくる未来について語り合った。シンポジウムの内容を報告する。

◇

■村田　連載の取材を通じて、アイヌ民族に対する道民の理解が足りないと感じました。なぜでしょうか。

❖川上将　アイヌは人ごとだと思っている人が多いからだと思います。関心のない人が大半ではないでしょうか。私はアイヌ文化を広める団体で働いていて、本州でイベントを行うと満員御礼のこともあります。でも道内はガラガラで「ホーム（地元）なのにアウェー（敵地）だ」と思うこともあります。私が「お笑い」をやっているのは、「アイヌに関心を持ってくれるきっかけになれば良いな」と思っているからです。小さなイベントなどを通じて「身近な人から知ってもらうべ」という感覚で、少しずつ広げていきたいです。

◆川上竜　私はアイヌへの関心は徐々に高まってきていると感じてい

ます。十分ではないかもしれませんが、行政もこれまで以上に力を入れてアイヌ文化の普及などに取り組むようになりました。そもそも道民全員がアイヌについて理解することはないと思うし、その理解にも深い浅いはあります。そうした中で私は、無関心な人にも関心を持ってもらえるように、「お笑い」をやっていきたいと考えています。

★原田　差別が原因で学校にほとんど通わなかった私の弟は今、私が差別を受けた体験についてコラムに書いたり、アイヌ民族の歌や踊りを披露したりするのを見て「姉ちゃん、すごいね」と言います。弟はアイヌのことを一切やっていないし、分かりません。アイヌにはこうした人がかなり多く、こうした人たちの理解も深める必要があると思います。そのためには、私のようにアイヌに関することをある程度発信できる人が、草の根的に頑張っていくしかないと考えています。

◉石原　そもそもアイヌって、どのような人のことを指すのでしょうか。アイヌに対するイメージは、メディアが伝えてきた表象や研究者が発表してきた論文などに拘束されがちで、これまで「自然との共生」とか「カムイ（神）に感謝」といった具合に、特別視されてきたことに違和感を感じてきました。

「アイヌでも和人でもない」と感じている私のような存在も含めて伝えた連載「こころ揺らす」は、アイヌの現状に対する理解が深まる契機になりました。担当記者の村田さん自身が取材を通じて考えるようになったことも教えて下さい。

■村田　アイヌ民族やその血を引く人たちのルーツなどを聞く中で「自

分は何者か」と考えるようになりました。新潟県で生まれ、就職で北海道に住み始めた私ですが、父から「5代くらい前の祖先の村田熊五郎は北海道にいた」と聞いたことがあります。自分も北海道とのつながりがあったんです。「なぜ北海道にいたのか」「アイヌの人とどう接していたのか」を知りたくなりました。自分の足元を固めた上で、ともに北海道の未来を考えたいと考えています。

◉石原　和人とアイヌが北海道の未来を一緒に語り合うことは、とても重要なことです。ただ、アイヌが和人に「アイヌについて考えてください」と言うだけでは理解が広がらないと思います。和人にも、アイヌについて考えるメリットがあることが大切で、そこに和人の希望や未来がないと、アイヌはいつまでたっても少数者として助けてもらうだけの「施し」の対象にとどまってしまうと思うんです。和人にとってアイヌについて考えるメリットは何かを考えてみましょう。

❖川上将　アイヌも和人もお互いに違う文化を育んでいるから、趣味や志向も当然違います。みんな違ってみんな良い――。そんな言葉を聞いたことがありますが、アイヌも和人もそれぞれ先祖について調べ、お互いに共有し合うことで相手がどういう人なのかを知っていけるはずです。出自が違っても、腹を割って話していくことで深い信頼関係が築けると思うんです。そういう語り合いを通じて、人生観を深めていければ、それがメリットになるのではないでしょうか。

◆川上竜　「お笑い」が好きな人は大勢います。私は先日、時事問題などを題材にするコント集団「ザ・ニュースペーパー」の舞台を見に行きました。「面白い」という気持ちは人を良い気持ちにさせます。アイヌは少数者だからとか、かわいそうだから、ということで応援してくれる人もいるけれど、そうではなくて面白いからという方向からアイヌの世界に入るケースが増えたら良いと思います。

★原田　ある時、朝鮮学校を見学する機会があり、子供たちが「ガイトウ」という言葉を口にしているのを何度も耳にしたんです。外国人登録証明書のことで、彼らにとって各種手続きに欠かせない身近なものですが、日本に住んで日本に税金を支払っているのに、彼らは外国人として扱われ、さまざまな不利益を受けています。自分よりもひどい思いをしている人がいるかもしれないと目を見開きました。

アイヌ民族として活動していて、こうした人がいることを知り、新しい世界を知ることができました。和人にとってもアイヌの歴史や文化について知ることは新しい世界を知ることにもなり、メリットになるのではないでしょうか。

■村田　国の「民族共生象徴空間」が2020年にオープンします。その先も見据えた上で、これからはどんな北海道になったら良いと思いますか。

❖川上将　アイヌ民族の暗い過去は踏まえなければいけないと思います。差別や貧困に今なお苦しんでいる人もいるし、そうした現状は改善しなくてはいけません。その一方で、対立し続けるのではなく、和人とアイヌでそれぞれが足りないことをお互い補い合っていける関係になれば良いと考えています。身近なところからそうした関係を築いていければ、少しずつ住みやすくなる。明るく楽しい北海道になるんじゃないでしょうか。ということで、きょうペナンペパナンペのファンクラブをつくろうと思います。（会場笑）

◆川上竜　会費は3千円です（会場笑）。アイヌの先輩で「アイヌが良くなれば北海道が良くなる」と言う人がいます。経済の面とか人権の面とか、いろんな意味が入っていますが、とにかく北海道を良くしていくために、アイヌも良くしていきたいなあと思います。アイヌの同世代の人たちとともに頑張っていきたいです。

★原田　未来の北海道をどうしたいかというのは正直分かりません。ただ、こうなってほしくないな、というのはあります。2年後に象徴空間ができますが、政府によるアイヌに関する取り組みを、そこで終わらせてほしくない。むしろ、そこからが始まりで、アイヌが理解され、活躍できる北海道にしてほしい。アイヌを盛り上げてほしいんです。アイヌだけが苦しいわけではないけれど、アイヌに苦しむ人は本当に多い。そういう人の声を私はこれからも伝えたいし、そこをぜひ応援してほしいと思っています。

◉石原　北海道には美しい自然や資源があり、いろんな人が住み、さまざまな歴史や物語があります。こんなに豊かな土地はないと思います。この北海道命名150年という節目で、アイヌ側からも、和人側からも、どちらでもないと感じている人たちも一緒に、語り合える場をつくっていけたら良いと思います。

あとがき

連載を終えて

北海道新聞編集局報道センター　村田亮

「私、アイヌのことを周りに言っていないんです。勘弁してください」。連載開始前、アイヌの血を受け継ぐ人たちの話を聞くため、人づてに情報を得て道内各地を回って接触を試みたが、話を聞くことを拒まれることがほとんどだった。

アイヌの血を引く元スポーツ選手にも手紙を書いて接触を試みたが、電話がかかってきて「民族のことで良い思い出はない。そこには一線を引いていて、関わるつもりはないんだ」と明確に断られた。

会えたとしても、「アイヌの血を受け継ぐことが世間に知られ、（アイヌの血を隠して暮らす）親戚に迷惑がかかっては困る。記者のつまらない満足のために、アイヌのことを書くべきではない」と反感を買うこともあった。

差別や偏見を恐れて生きてきた人にとって、新聞の取材を受けることへの警戒心があるのは当然のことだと思う。突然訪問して話を聞こうとした記者の姿勢が「失礼だった」と反省もした。しかし同時に、アイヌの血を受け継ぐ人が自らの出自を明かすことをためらわせる、この社会とはいったい何なのだろうかと、強い疑問が湧いてきた。

北海道のアイヌ民族は明治期以降、道外から和人が大量に移住する中で狩猟の場や暮らしの場を奪われ、当時の政府による同化政策の下、アイヌ文化は壊滅的な打撃を受けた。和人から厳しい差別を受け、それは今も続いている。今回の取材を通じて、アイヌ民族の苦難の歴史と同化政策がもたらした問題の根深さを痛感した。

連載の準備をする中で、北大大学院生の石原真衣さんと出会った。アイヌの血を引くことで、悩み、葛藤して生きてきた自分のルーツを研究していた。連載への登場を依頼すると、当初は「アイヌでもなく、和人でもないと感じている私のような立場からの発言は、これまであまりなかったので、アイヌをはじめ読者がどう受け止めるか懸念を持っている」と慎重だった。親戚にも、アイヌの血を引くことを周囲に伝えていない人がいたため、その人たちへの影響に不安を感じていた。

石原さんは数週間悩んだ上で「北海道には植民地主義的な支配を受けた過去があった。現在もなお、アイヌの血を引く人たちの痛みにつながっている。私を通じて多くの道民にそのことを知ってもらえるなら」と決意し、取材に応じてくれた。連載の初回と最終回に登場してくれたほか、懇談の機会を設けていただき、さまざまな助言をしてくれた。

石原さん以外にも、多くの人に支えられた。アイヌ民族のお笑いコンビ「ペナンペパナンペ」の2人や歌手の川上容子さんらは親戚や友人を何人も紹介してくれ、記者が取材や執筆に難航していると、何度も「応援しているよ」などと励ましてくれた。アイヌ文化の担い手を育てる札幌大ウレシパクラブの本田優子教授は大勢の教え子に引き合わせてくれ、先住民族マオリと交流するニュージーランド研修にも同行させてくれた。

挙げればきりがないが、こうした人たちが力を貸してくれなければ連載はまったく異なる内容になっていただろう。心の底から感謝したい。

本書でも第1部や第4部の反響編として記したが、多くの読者から「アイヌの血を受け継ぐ人は身近な存在だと感じた」「アイヌ民族と北海道の歴史をもっと学びたい」などの感想が寄せられた。中には毎回のように手紙を送ってくれ、アイヌ文化のイベントに通うようになった人もいた。

連載が縁となって、新たな出会いも生まれた。第7部で、大病を患いながらも、妻子とともにアイヌ文化を前向きに学んでいる姿を紹介した千葉県の佐藤誠さんはその後、体調がさらに悪化。第9部でインタビューに答えた宇梶剛士さんのファンで、妻佳子さんが5月中旬に記者を通じて「少しでも主人が元気になれば」と宇梶さんに夫のことを伝えた。

宇梶さんは「5月は休みがなく、6月には行きたい」と応じたが、佐藤さんは5月24日に一度意識を失った。余命数日――。佳子さんは翌日、佐藤さんの耳元でささやいた。「宇梶さんが来るよ。頑張って」

その時、佐藤さんは反応しなかったが、26日に意識を回復。宇梶さんは海外から帰国した直後の30日に病室を訪問し、感動する佐藤さんを前に「だってウタリだもん」などと語りながら約1時間半滞在した。佳子さんが作った民族衣装に「復活」との文字を添えたサインを書いてくれた。佐藤さんの手を握って「また来るね」と言うと、佐藤さんは声を振り絞った。「アイヌの力を頂きました。最高です」。

佐藤さんは6月7日に他界した。2人の再会はかなわなかったが、佳子さんは「娘とともにこれからもアイヌ文化を学び続け、多くの人に伝えていきたい」と今も思い続けている。

連載はアイヌ民族の現状について、より多くの人々に考えてもらうことを目的としてきた。ただ先日、懇談の席で記者がこの連載を担当してきたことを話すと、ある地方議員が「あの人たちって結局、何がしたいの。今の時代、みんな大変なのに」と漏らした。この議員は権利回復を訴える一部のアイヌ民族に対して不満を抱いているようだった。しかし、明治期以降に植民地主義的な支配を受け、その後何代にもわたり、苦しみ、悩みながら生きてきた、アイヌの血を受け継ぐ人たちの歴史について記者が説明すると、口をつぐんでしまった。

道民の理解が広がっていないことを痛感すると同時に、われわれ伝える側の力不足をあらためて感じた。

政府はアイヌ民族に関する新法を２０２０年に制定することを目指し、検討を進めている。同年には胆振管内白老町にアイヌ文化の復興拠点「民族共生象徴空間」が開業する。同年でアイヌ政策が区切りを迎えるのではなく、同年を皮切りにさらに前進することが重要だ。

道民に少しでも理解を深めてもらうよう、これからも丁寧に伝えていくことこそが、連載に登場し覚悟を持って自らの半生を語ってくれた人たちへのわれわれの責務だと感じている。

撮影後記

北海道新聞東京支社編集局写真課　富田茂樹

書籍出版にあたり、連載「こころ揺らす」取材で撮影した写真のデータをあらためて整理した。外付けのハードディスクへ日付ごとにファイルフォルダを作り全ての写真を保存していたが、やけにデータが重い。写真の総数を計算してみたら2万4960枚もあった。

今回の書籍では新聞紙面に未掲載の写真も掲載しようという話になり、宿直勤務時に全ての写真を1枚1枚見直してみた。いろいろなことを思い出し、思い巡らせ、思いにふけってしまい、気がついたら朝になっていた。まったく仮眠することができず、やけに目がさえてしまった。ここにその時の思いを書きとどめておきたい。

アイヌ新法を見つめた第3部。法律を写真で表現するのは難しい。村田記者と相談し、アイヌの暮らしや文化を想起させる風景の写真を掲載することにした。白老町虎杖浜では海岸沿いの崖にある洞穴「アフンルパロ」を撮影した。アイヌ語で「あの世への入り口」を意味しているが、夜に撮影していると本当にそうにしか見えない。穴の奥へ吸い込まれてしまいそうな感覚に陥り、恐ろしい思いをした。入り口で何とか踏みとどまったが、アイヌの伝承通りだった。

第6部で紹介した平取アイヌ協会青年部の取り組み。取材後、宴会にお招きいただいた。会場となったプレハブ小屋の座卓を手作りの総菜が埋め尽くす。当然酒が進み、どこからともなく歌声があがる。エムシリムセ（剣の舞）が始まり、皆で手拍子をした。撮影していて本当に楽しかった。

酒席でなぜカメラマンになったのか問われた。学生時代に海外でバックパッカーをしながら出会った人物を撮っていたので、その延長線と答えた。撮影旅行中、現地で人種差別を受けたことがあった。道ですれ違いざまに中国人や韓国人、日本人などに対する蔑称「チャンチュンチョン」とバカにした口調で何度も言われた。「悔しかった」と話したら「アイヌもそうなんだぞ」。すぐに言葉を返すことができなかった。

札大ウレシパクラブとニュージーランドの先住民族マオリとの交流を紹介した第8部。少ない日数ではあったが、学生たちとマオリ伝統の集会所「マラエ」で寝食を共にした。アイヌ語の習得について毎晩深夜まで討論していた。窓から朝日が差し込む中、マットレスからはみ出しても眠り続ける学生たちの姿がまぶしかった。起こさぬよう、そっとシャッターを押した。

同行取材の最終日は文字通りのクライマックスだった。マラエで70人ほどのマオリを前に、学生たちがアイヌの古式舞踊を披露した。最初はスマホをいじくりゲームをしていたマオリの子供たちも、じっと見つめていた。あの会場にいた誰もが心を奪われていた。舞踊を終えると大きな拍手がしばらく続いた。ファインダーを覗きながら、ぐっとこみ上げるものがあった。ふと思った。シサムの私にこの場ですぐに歌える歌や踊りがあるのかと。

「こころ揺らす」の取材では2回目に会うと、「しげき」と私のファーストネームで呼んでくれる人たちがいた。最初は小っ恥ずかしかったが今ではむしろうれしい。気持ちのいい人たちが多かった。

思い返したらきりがない。最後にちょっと計算をしてみた。1年間ほぼ専属で「こころ揺らす」の撮影を担当し、新聞に掲載されたのは合計66枚。冒頭でも書いた総撮影枚数で割ってみると掲載率はわずか0・3％だった。悲劇的な数字だが悲観はしていない。掲載されなかった写真も私にとっては大切な1枚だ。

おわりに

北海道新聞根室支局長（前編集局報道センター部次長）　堀井友二

連載「こころ揺らす」は2017年4月から18年4月まで1年間にわたって9部構成で主に朝刊社会面で連載した。

連載の準備は16年の夏から始めた。アイヌ民族を取材テーマにしている村田亮記者と、報道センターのデスクである私との対話からだった。「アイヌの血を受け継ぐ方々の思いや現状はどうなのか」「連載を通じて読者に何を伝えたいのか」「この連載の目的は何なのか」――。何度も何度も語り合った。たまには激論になった。答えが出ない日が多かった。

悩んだとき、記者をやってきた経験として「考える前に走りだす」ことが大事だと知っている。答えは頭の中にあるのではなく、まちの中に、出会いの中に、あることも。連載準備は、アイヌの血を受け継ぐさまざまな立場のできるだけ多くの方々と接触することが中心になった。

その中で意見が一致したのは、「アイヌの血を受け継ぎ、それを明かさずに暮らしている人たちの思いを、きちんと伝えなければならない」ということだった。その背景にはここ数年、インターネット上や書籍で、いわゆる「アイヌ民族否定論」が巻き起こっていたことも念頭にあった。

ただし、アイヌの血を明かさずに暮らしている人たちと接触するのは難しかった。接触できても、われわれの連載の趣旨を理解してもらえないことが多かった。このテーマは、むしろ掘り返さないほうが良いのでは、と弱気になった。

そんな中、村田記者は16年末に石原真衣さんと出会った。石原さんとの対話が始まったことで、今もアイヌの血を受け継ぐ人たちには痛みや葛藤があり、これまでに論じてこなかった問題がまだたくさんあることが分かってきた。第1部のテーマ「自らのアイヌと出会う」が定まるまで、結局、連載準備期間に8カ月も費やしてしまった。

その結果、第2部以降は構想から取材、執筆まで緊迫したスケジュールの日々が続いたが、いずれも多くの人との出会いが取材班を助けてくれた。取材の中で、知らなかったこと、認識が違っていたこと、和人である自分たちからは見えなかったこと…本当に多くのことを学ばせていただいた。

今回の連載を終えて、先住民族や外国人、さまざまなマイノリティーの問題に接した時、自分が多数派の側に身を置いているならば、一度は必ず立ち止まって、少数派の考えに思いをはせる、少数派になった気持ちを想像してみる、ということを本当に何度も丁寧にやっていく必要性があるとあらためて感じた。そうしなければ、きっと大事なことを見逃してしまう。

もちろん、それは、固定観念に満ちた頭の中だけで考えても見えてこない。心を通わせて、考えてみるのである。アイヌ民族の言葉が教えてくれている。

ヤイコシラムスイェ

これからも、こころを揺らして考えていきたい。

最後に取材に協力してくれたアイヌ民族の血を受け継ぐ方々に、連載を支えてくれた読者の方々に、この場を借りて、感謝の言葉を申し上げたい。ありがとうございました。

2018年10月

主な参考文献

・北海道新聞社会部『銀のしずく―アイヌ民族は、いま』北海道新聞社　1991年
・新谷行『増補　アイヌ民族抵抗史―アイヌ共和国への胎動』三一書房　1977年
・小・中学生向け副読本編集委員会『アイヌ民族：歴史と現在―未来を共に生きるために〈改訂版〉』公益財団法人アイヌ文化振興・研究推進機構　2017年
・小川正人『近代アイヌ教育制度史研究』北海道大学図書刊行会　1997年
・榎森進『アイヌ民族の歴史』草風館　2007年
・岡和田晃、マーク・ウィンチェスター『アイヌ民族否定論に抗する』河出書房新社　2015年
・小林よしのり、香山リカ『対決対談！「アイヌ論争」とヘイトスピーチ』創出版　2015年
・北海道大学アイヌ・先住民研究センター『アイヌ研究の現在と未来』北海道大学出版会　2010年
・石原真衣「〈アイヌ〉への旅―沈黙の100年をめぐるオートエスノグラフィー（自伝的民族誌）」北海道大学大学院博士後期課程研究論文　2017年
・アヌタリアイヌ刊行会『アヌタリアイヌ　われら人間　創刊号』1973年
・土橋芳美『痛みのペンリウク―囚われのアイヌ人骨』草風館　2017年
・佐々木昌雄『幻視する〈アイヌ〉』草風館　2008年
・野崎剛毅『現代アイヌの生活と意識―2008年北海道アイヌ民族生活実態調査報告書』北海道大学アイヌ・先住民研究センター　2010年
・萩中美枝、畑井朝子、藤村久和、古原敏弘、村木美幸『聞き書　アイヌの食事』農山漁村文化協会　1992年
・萱野茂『アイヌの碑』朝日新聞社　1990年
・北海道ウタリ協会『アコㇿ　イタㇰ　AKOR　ITAK　アイヌ語テキスト1』クルーズ　1994年
・中川裕『アイヌ語千歳方言辞典』草風館　1995年
・萱野茂『萱野茂のアイヌ語辞典』三省堂　1996年
・山川力『政治とアイヌ民族』未来社　1989年
・常本照樹『アイヌ民族と教育政策―新しいアイヌ政策の流れのなかで』札幌大学附属総合研究所　2011年

・『日本音楽基本用語辞典』音楽之友社　2007年
・一般社団法人部落解放・人権研究所『差別禁止法制定を求める当事者の声⑧アイヌ問題のいま』同研究所　2017年
・川上恵「誇りを胸にアイヌ文化を継承する―アイヌレブルズから帯広カムイトウウポポ保存会へ」『部落解放』2017年8月号　745号　解放出版社　2017年
・ミリネ編、皇甫康子責任編集『家族写真をめぐる私たちの歴史―在日朝鮮人、被差別部落、アイヌ、沖縄、外国人女性』御茶の水書房　2016年
・大阪大学『未来共生セミナー　volume14　かたる、であう、たぐりよせる―アイヌ舞踏家と哲学者を迎えて』大阪大学未来戦略機構第5部門（未来共生イノベーター博士課程プログラム）2017年
・中本ムツ子『「アイヌ神謡集」をうたう』草風館　2003年
・中本ムツ子『アイヌの知恵　ウパㇱクマ』片山言語文化研究所　1999年
・中本ムツ子『カンナフチ　ヤイェイソイタク』クルーズ　2010年
・北海道ウタリ協会札幌支部『アイヌ女性実態調査』北海道ウタリ協会札幌支部　2005年
・レラの会『レラ・チセへの道』現代企画室　1997年
・関口由彦『首都圏に生きるアイヌ民族―「対話」の地平から』草風館　2007年
・宇井眞紀子『アイヌときどき日本人　増補改訂版』社会評論社　2009年
・東京アイヌ史研究会『《東京・イチャルパ》への道―明治初期における開拓使のアイヌ教育をめぐって』現代企画室　2008年
・ペウレ・ウタリの会編集委員会『ペウレ・ウタリ―ペウレ・ウタリの会　三〇年の軌跡』現代企画室　2016年
・小坂洋右『大地の哲学』未来社　2015年
・岡和田晃『向井豊昭の闘争―異種混交性（ハイブリディティ）の世界文学』未来社　2014年

文　村田　亮（北海道新聞 編集局報道センター）
斉藤千絵（同）
田鍋里奈（北海道新聞 苫小牧支社報道部）

写真　富田茂樹（北海道新聞 東京支社編集局写真課）
金田　翔（北海道新聞 編集局写真部）
桜井徳直（同）

統括デスク　堀井友二（北海道新聞 根室支局長）

編集　菊地賢洋（北海道新聞 出版センター）

校正　上野和奈（同）

装丁・デザイン　佐々木正男（佐々木デザイン事務所）

レイアウト（協力）中西印刷株式会社

こころ揺らす　自らのアイヌと出会い、生きていく

２０１８年10月27日　初版第一刷発行

編者　北海道新聞社
発行者　鶴井　亨
発行所　北海道新聞社
〒０６０－８７１１　札幌市中央区大通西３丁目６
出版センター（編集）０１１－２１０－５７４２
（営業）０１１－２１０－５７４４
http://shopping.hokkaido-np.co.jp/book/

印刷　中西印刷株式会社

©北海道新聞社２０１８　ISBN978-4-89453-925-9 C0039

北海道新聞社の本

おたる水族館 楽しい仲間たち

おたる水族館 編

おたる水族館の飼育員らスタッフが、生き物の生態や魅力をつづった北海道新聞連載を単行本化。人気の生き物が次々と登場し、楽しい雑学もたっぷり。小学生から大人まで楽しめます。

北の鞄ものがたり いたがきの職人魂

北室 かず子 著

赤平市に拠点を置く革製品メーカー「いたがき」。全国に知られる職人技を駆使した製品の魅力、創業者・板垣英三氏の半生、地域に活力を与える地場企業としての歩みを伝えます。

保阪正康 歴史を見つめて

保阪 正康 著
北海道新聞社 編

昭和史研究の第一人者が語る自らの軌跡、インタビューの心構え、そして北海道150年。北海道新聞に連載した、戦争を語り継ぐための方法論などのコラムなどをまとめた一冊です。

海峡の鉄路 青函連絡船 ―110年の軌跡と記憶―

原田 伸一 著

津軽海峡を舞台に80年の航海と、その後30年にわたって展開された船と人々のドラマを、元・船員や関係者への丹念な取材と、貴重な写真で描くドキュメント。

北海道新聞社の本

ユネスコ認定
アポイ岳ジオパーク ガイドブック

北海道新聞社 編

2015年「ユネスコ世界ジオパーク」に認定されたアポイ岳ジオパーク。世界でも稀な地質からなる山々や渓谷、固有の高山植物群落、日高・様似町の歴史・文化などを紹介します。

揺れ動く大地 プレートと北海道

木村学
宮坂省吾 共著
亀田純

太平洋プレートやオホーツクプレートがせめぎ合う北海道周辺の地質構造から千島海溝沿いの地殻運動まで—。最新の研究をもとに、地震のメカニズムなど大地の法則を解き明かします。

北海道おいしいそばの店

梅村敦子 著

道内各地にある一度は食べてみたい絶品のそば店のガイドブック。そば好きなら誰もが認める老舗から個性豊かな店まで148店をエリアごとに紹介。そば食べ歩きに必読です。

知っ得！納得！ みんなの終活

北海道新聞社 編

北海道の最新終活情報が満載。生前整理のコツ、シニアの住まい、相続、お葬式など話題のテーマが満載です。夫婦も、〝おひとりさま〟も、親子も、漠然とした不安を解消でき